DOKEO

6/9 ANS

Sciences

Direction de la publication : **Dominique Korach**
Direction éditoriale : **Céline Charvet**
Geneviève Goisque
Direction artistique : **Lieve Louwagie**
Jean-François Saada
Conception graphique : **Lieve Louwagie**
Édition : **Cécile Jugla**
Marie Baird-Smith
Michèle Santucci
Maquette : **Lieve Louwagie**
Albane Rouget
Correction : **Anne Bleuzen**
Recherche documentaire : **Julie Berthet**
Recherche iconographique : **Valérie Delchambre**
Nadine Gudimard
Fabrication : **Jacques Lannoy**
Céline Prémel-Cabic
Photogravure : **Fap**

Les auteurs
Nathalie Audard
Philippe Monges
Maryline Coquidé
Joël Lebeaume
Séverine Charon (quiz)

Les illustrateurs
Sylvie Bessard
Charles Dutertre
Gaëtan Dorémus
Alexios Tjoyas

ISBN : 978-2-09-252706-1

DOKEO

6/9 ANS

Sciences

Nathan

Sommaire

L'astronomie

Le système solaire

Il se compose d'une étoile, le Soleil, et de huit planètes qui tournent autour de lui. Une famille qui compte aussi des milliers d'autres petits astres...

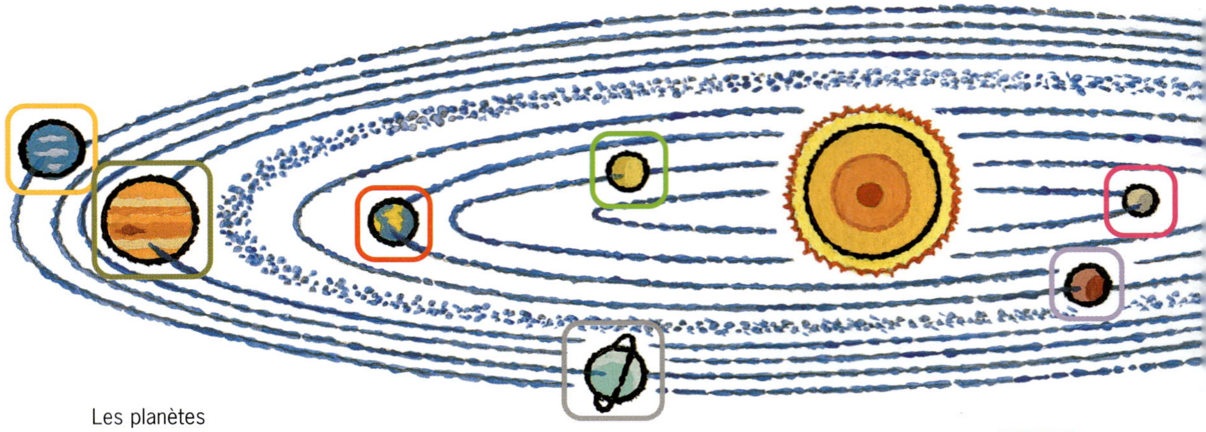

Les planètes sont **en orbite** autour du Soleil : elles tournent autour de lui en décrivant des ellipses, et elles tournent aussi sur elles-mêmes.

LE SOLEIL

Il est **énorme** et attire, par le phénomène de la gravitation, tous les objets du système solaire, qui gravitent autour de lui. Vieux de 4,5 milliards d'années, il est aujourd'hui à la moitié de sa vie.

MERCURE

C'est la plus proche du Soleil et **la plus rapide :** elle tourne autour de lui en 88 jours. Sur cette planète qu'on connaît à peine, il fait très chaud le jour (430 °C) et très froid la nuit (– 170 °C).

VÉNUS

Vénus est **une vraie fournaise :** il y fait 470 °C le jour et la nuit. De quoi faire fondre du plomb ! Elle est recouverte de nombreux volcans dont certains sont peut-être encore actifs.

LA TERRE

D'après ce que l'on sait, c'est la seule à abriter **la vie.** Située à distance idéale du Soleil, elle a une température moyenne de 15 °C. Elle possède une atmosphère et l'eau existe à sa surface à l'état liquide.

Quatre planètes, Mercure, Vénus, la Terre et Mars, ont un sol dur et rocheux. Elles sont dites telluriques. Les quatre autres planètes, Jupiter, Saturne, Uranus et Neptune, sont gazeuses : ce sont d'immenses boules de gaz, sans vrai sol, et toutes entourées d'anneaux de blocs de matières diverses. Le système solaire compte aussi des astéroïdes, des comètes et d'innombrables petits corps. Pluton a récemment été relayé au titre de planète naine ou petit corps. Les astéroïdes sont des rochers plus ou moins gros dont un grand nombre forme une ceinture entre Mars et Jupiter. Composées de glace et de poussières, les comètes tournent autour du Soleil en décrivant des ellipses très allongées.

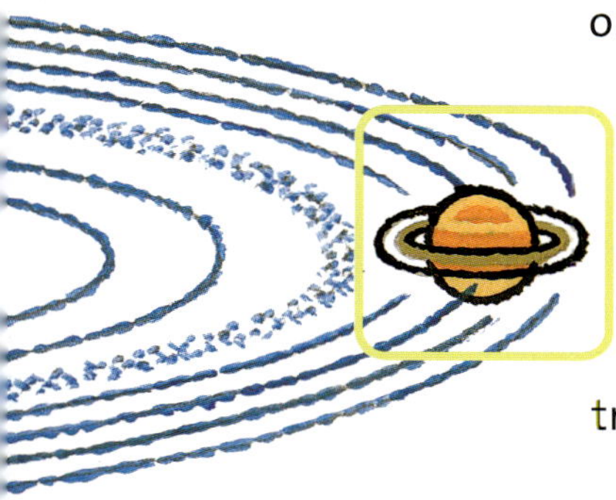

anecdote

Hasard ou calculs…

Pas facile de découvrir ou, même, d'identifier une planète ! C'est le hasard qui a permis à William Herschel de comprendre, en 1781, qu'Uranus était une planète, alors qu'elle avait déjà été observée et confondue avec une étoile. Herschel lui-même l'a d'abord prise pour une comète. Quant à Neptune, on a prouvé son existence avant de l'avoir observée. De savants calculs ont permis à Le Verrier de prédire sa position en 1846. Galle l'a effectivement vue quelques mois plus tard.

MARS

Elle est **rouge** à cause du fer qui compose ses roches. Son sous-sol contient beaucoup de glace et peut-être de l'eau liquide. Elle possède un gigantesque volcan, le mont Olympe, qui s'élève à 27 km d'altitude.

JUPITER

C'est **la plus grosse** du système solaire. Il faut plus de temps pour en faire le tour que pour aller de la Terre à la Lune. On observe à sa surface une tache rouge : c'est un cyclone très ancien.

SATURNE

En 1610, Galilée a été le premier à remarquer **les anneaux** de Saturne. Ils se comptent par milliers et sont très fins : si leur diamètre est de 250 000 km et plus, leur épaisseur ne dépasse pas 1,5 km.

URANUS

Elle tourne autour du Soleil en étant presque **couchée** sur son orbite, alors que les autres planètes ne sont que légèrement inclinées, mis à part Vénus. Chacun de ses pôles est tour à tour éclairé ou plongé dans l'obscurité pendant 42 années.

NEPTUNE

Sa couleur **bleue** lui a valu son nom qui est celui du dieu de la mer romain. Cette couleur est due au méthane, un des gaz composant son atmosphère. C'est la planète la plus venteuse après Saturne, avec des vents à 2 000 km/h.

Objectif : Lune !

Quatre fois plus petite que la Terre, la Lune est le seul astre qui a été visité par les hommes. L'occuperont-ils un jour ? On peut se le demander…

La Terre et la Lune forment un beau couple, lié par le fait que la Lune tourne inlassablement autour de la Terre. Située à 380 000 km de notre planète, elle est son satellite. Le contraste est total entre les paysages de la Terre, placés sous le signe du vivant, et ceux de la Lune, mornes et désertiques ! Pourtant notre planète et son satellite partagent une histoire commune. Et l'étude des roches lunaires va pouvoir nous renseigner sur les âges les plus anciens de la Terre.

1. LE DÉBUT

Il y a 4,5 milliards d'années, la jeune Terre a été heurtée par une planète de la taille de Mars. **La Terre et la Lune actuelles sont nées** de cette collision.

2. AU FIL DU TEMPS…

Depuis, **la Lune tourne autour de la Terre** en 28 jours environ. Elle lui présente toujours la même face, parce qu'elle tourne aussi sur elle-même en 28 jours.

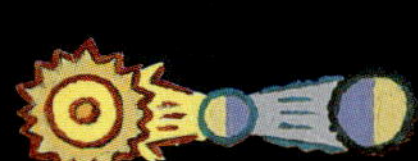

3. JALOUSIE !

La Lune serait-elle jalouse du Soleil ? Elle est 400 fois plus petite que lui, mais elle est aussi 400 fois plus proche de notre planète. Lorsqu'elle vient se placer entre eux deux, elle cache le Soleil à la Terre : c'est **une éclipse de Soleil.**

4. BIENTÔT LA FIN ?

La Lune s'éloigne de la Terre d'environ 3 cm par an. Il y a 3 milliards d'années, elle était d'un tiers plus proche de notre planète. Si elle continue à s'éloigner de la sorte, il n'y aura plus d'éclipse totale de Soleil.

Depuis la Lune, la Terre apparaît comme **une boule bleue,** avec ses mers et ses océans. Entre 1969 et 1972, douze astronautes américains ont marché sur la Lune. Le premier d'entre eux a été Neil Armstrong.

La Lune ne possède pas d'atmosphère. Elle pourrait ainsi être **un site d'observation astronomique** idéal, sans les perturbations atmosphériques qui gênent les astronomes sur Terre.

Les hommes pourraient aussi installer **un astroport** sur la Lune : la pesanteur y est six fois plus faible que sur la Terre. Une fusée peine donc beaucoup moins à décoller et à s'arracher à son attraction.

La surface de la Lune est formée de vastes étendues planes appelées mers, de profonds cratères et de montagnes : la plus haute atteint 8 200 m. Le sol lunaire est fait de roches et de poussières.

Il fait **très chaud** (120 °C) le jour ou **très froid** (– 180 °C) la nuit.

Le paysage lunaire ne connaît pas l'érosion de l'air et de l'eau, puisque ces éléments n'existent pas sur la Lune. **Les traces de pas** des spationautes sont donc toujours visibles.

À cause de l'absence d'atmosphère, les météorites peuvent s'écraser sur le sol et creuser **des cratères.** La poussière qui est alors soulevée retombe lentement...

Sur Terre, l'atmosphère filtre les rayons nocifs du Soleil. Sur la Lune, il faudrait s'en protéger en se couvrant de combinaisons spéciales ou en se réfugiant dans **des abris souterrains.**

Sur Terre, les sons sont portés par l'air. Comme il n'y a pas d'air sur la Lune, **le son de la voix** ne peut se faire entendre. Restent les gestes...

Les étoiles et l'Univers

À l'œil nu ou avec une simple lunette astronomique, on peut déjà observer beaucoup de choses dans le ciel et mieux comprendre comment se compose l'Univers.

L'Univers est né, il y a 15 milliards d'années, lors d'une gigantesque explosion appelée Big-Bang. Depuis, il n'a cessé de s'étendre. Très chaud à sa naissance, il s'est refroidi peu à peu et a engendré les étoiles, les planètes et les autres astres regroupés en galaxies, elles-mêmes regroupées en amas... Aujourd'hui, les astronomes observent l'Univers qui continue de s'étendre. Mais on ne connaît pas encore son avenir : va-t-il rester tel qu'il est ou se recroqueviller et s'effondrer sur lui-même ?

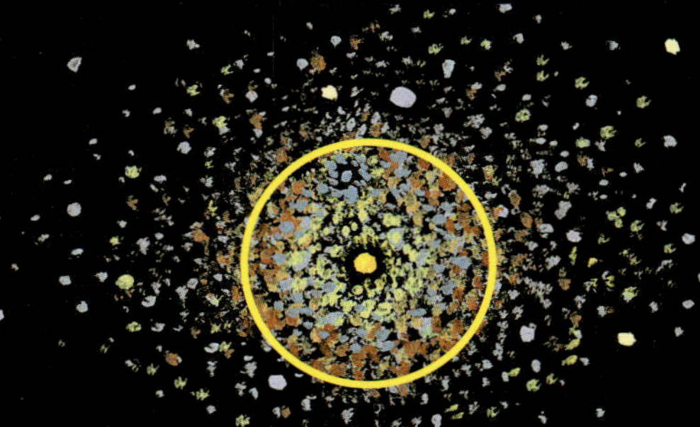

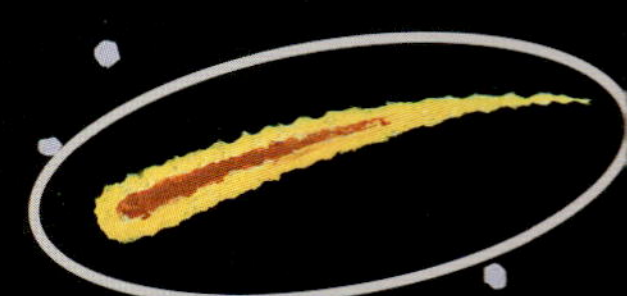

Pour observer le ciel, les anciens ont inventé des dessins qui reliaient plusieurs étoiles entre elles : les constellations. **La constellation de la Petite Ourse** ressemble ainsi à une casserole. Ils ont positionné ces dessins sur un plan qui ne tient pas compte des distances.

Les étoiles ne sont pas toutes blanches. Certaines sont **colorées.** La couleur dépend de la température à la surface de l'étoile : si le Soleil est jaune, c'est parce qu'il fait 6 500 °C à sa surface. Les plus chaudes sont bleues et dépassent 30 000 °C.

Les étoiles naissent, vivent et meurent. Les plus massives ont une vie courte et meurent vite. Elles explosent violemment : ce sont **les supernovae.** Moins massif, le Soleil explosera dans 4,5 milliards d'années. Puis il se contractera avant de mourir lentement.

Sur cette photographie, toutes les étoiles semblent tourner autour de **l'étoile Polaire,** qui paraît immobile. En réalité, c'est nous qui tournons. Si l'étoile Polaire paraît ne pas bouger, c'est parce qu'elle est située dans le prolongement de l'axe de rotation de la Terre.

Combien y a-t-il d'étoiles dans le ciel ?

On peut voir 6 000 étoiles à l'œil nu dans le ciel. Mais en réalité, il en existe beaucoup plus. Notre galaxie en compte déjà 100 milliards et il existe 100 milliards de galaxies qui contiennent tout autant d'étoiles. Des chiffres vertigineux, à peine envisageables, qui sont à l'image de l'immensité de l'Univers !

Les étoiles produisent leur propre lumière, alors que les planètes réfléchissent la lumière de l'étoile qui les éclaire. C'est pourquoi elles brillent la nuit. Certaines, comme **Vénus,** appelée aussi étoile du Berger, sont très brillantes, alors que d'autres, comme Uranus, Neptune et Pluton, sont invisibles à l'œil nu.

Quand **une comète** s'approche du Soleil, son noyau de glace et de poussière se réchauffe et éjecte de la matière qui crée une chevelure brillante. Certaines comètes ont un parcours régulier, comme la comète de Halley qui passe tous les seize ans près du Soleil et de la Terre.

En mourant, certaines étoiles très massives produisent des objets étonnants : **les trous noirs.** Ils sont tellement denses qu'ils avalent tout ce qui passe à leur portée. Rien, ni matière, ni lumière, ne peut s'échapper d'eux. Ils sont donc invisibles. On pense qu'il y a un trou noir au centre de chaque galaxie.

Les étoiles se regroupent souvent pour former des galaxies. Il en existe des milliers de formes et de tailles diverses. La belle traînée laiteuse que l'on observe les nuits d'été est **la Voie lactée,** la galaxie à laquelle appartient notre système solaire.

Observer et conquérir l'espace

Les hommes développent des outils de plus en plus perfectionnés pour mieux connaître l'espace.

Depuis les années 1950, des milliers de **fusées** ont quitté la Terre. Composées de plusieurs étages, elles emportent des hommes et des satellites dans l'espace et ne sont utilisables qu'une seule fois.

Sur Terre

Les télescopes optiques captent la lumière des objets célestes grâce à des miroirs. Ils sont souvent installés en altitude où la pollution et les perturbations atmosphériques sont moins importantes. Le VLT du Chili est l'un des plus puissants.

Les radiotélescopes, qui sont de grandes antennes paraboliques, perçoivent les ondes radio émises par les objets célestes. Au Nouveau-Mexique (États-Unis), le VLA est composé de 27 paraboles.

Dans les observatoires, **les astronomes** analysent les informations fournies par les télescopes terrestres ou spatiaux et font de savants calculs sur ordinateurs.

Pourquoi déployer autant de moyens ?

Par curiosité scientifique. Les hommes veulent comprendre comment s'est formé l'Univers, connaître ses composants, évaluer son avenir. Bref, découvrir le maximum de choses sur cette immensité qui nous entoure.

Pour trouver une vie extraterrestre. En 1977, la sonde Voyager a emporté un message adressé aux extraterrestres. Par ailleurs, le programme d'écoute pour une intelligence extraterrestre SETI n'a toujours rien donné.

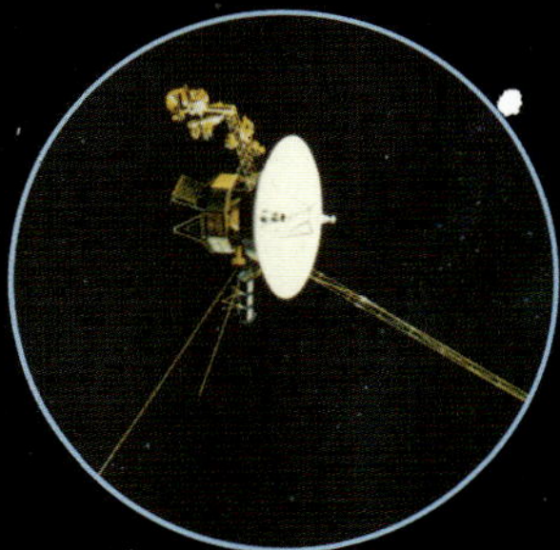

Les sondes spatiales tournent autour de la Terre ou voyagent dans notre système solaire. Équipées de capteurs, elles ont étudié toutes les planètes sauf Pluton. Lancée en 1997, la sonde Cassini-Huygens a abordé Saturne en 2004.

Le satellite Hubble est **un télescope optique** situé à 610 km d'altitude : il ne subit donc pas les perturbations de l'atmosphère et offre des images plus nettes que les télescopes terrestres.

La navette spatiale américaine décolle comme une fusée et atterrit comme un avion, après avoir tourné autour de la Terre. Elle transporte des hommes qui font des expériences et réparent les satellites.

Va-t-on coloniser Mars ?

Peut-être dès 2030. Le voyage et le séjour dureront environ 2-3 ans, ce qui risque d'être long pour les astronautes. Sur Mars, installés dans une gigantesque station, les hommes tenteront d'exploiter les ressources de la planète (fer, potassium, calcium) et surtout l'eau glacée enfouie sous sa surface. En attendant, des astronautes s'entraînent à bord de la Station spatiale internationale et en 2001, une équipe de scientifiques a installé une base martienne sur l'île de Devon (Arctique canadien) dont les conditions climatiques et l'environnement sont très proches de ceux de Mars.

Pendant près de 15 ans, **la station spatiale** soviétique Mir a hébergé de nombreux astronautes qui se sont relayés à son bord. Aujourd'hui, la Station spatiale internationale (ISS) a pris la relève.

[redacted]

Pour exploiter des ressources naturelles, comme le fer des astéroïdes ou l'énergie du Soleil. Cela pourrait être intéressant pour les hommes, qui surexploitent les ressources de la Terre.

Pour sauver l'humanité : dans 5 milliards d'années, avant de mourir, le Soleil grossira au point d'engloutir la Terre. D'ici là, il faudra peut-être s'être installé sur une autre planète.

C'est par avion, bateau, camion que l'on transporte **les différents morceaux de la fusée** qui sont assemblés dans un hall proche de l'aire de décollage.

Au sol, des centaines de personnes (ingénieurs, techniciens...) participent à l'aventure spatiale. Dans **la salle de contrôle,** au décollage de la fusée, des ordinateurs suivent le déroulement des opérations.

La Terre

Notre vaste Terre

Notre planète est une grosse boule rocheuse. Nous l'avons compris au fil des siècles, après l'avoir imaginée plate, et après avoir entrepris bien des voyages sur les terres et les mers.

4ᵉ siècle av. JC
Alexandre le Grand va jusqu'en Inde avec ses armées.

4ᵉ siècle av. JC
Le marin grec **Pythéas** parcourt les mers jusqu'en Angleterre.

1275/14ᵉ siècle
Marco Polo arrive en Chine par la terre, **les navigateurs arabes** par la mer.

1492
Christophe Colomb traverse l'Atlantique et découvre l'Amérique.

1522
Un des navires de **Magellan** fait le tour du monde. La Terre est bien ronde !

1909/1911
L'Américain **Peary** atteint le pôle Nord, le Norvégien **Amundsen** le pôle Sud.

Cette drôle de carte du 11ᵉ siècle représente les contours de la Méditerranée.

On croyait que **des monstres marins** peuplaient les mers les plus lointaines.

Nos ancêtres pensaient que la Terre était plate.

Nos ancêtres pensaient que la Terre était plate. Ils craignaient que les voyageurs qui s'aventuraient trop loin tombent dans un trou. Il y a 2 600 ans, le savant grec Pythagore avait bien supposé que notre planète était ronde, mais son idée tomba aux oubliettes. Ce n'est qu'au 16ᵉ siècle, avec les premières expéditions autour du globe, que l'on eut la certitude que la Terre était ronde. Peu à peu, on en explora toute la surface.

Aujourd'hui, nous n'avons plus de grands territoires inconnus à découvrir ! Mais toutes sortes de techniques et de véhicules nous permettent de connaître de mieux en mieux notre planète, d'aller dans ses lieux les moins accessibles : les régions polaires, les déserts, les plus hauts sommets ou les forêts tropicales à la végétation très dense.

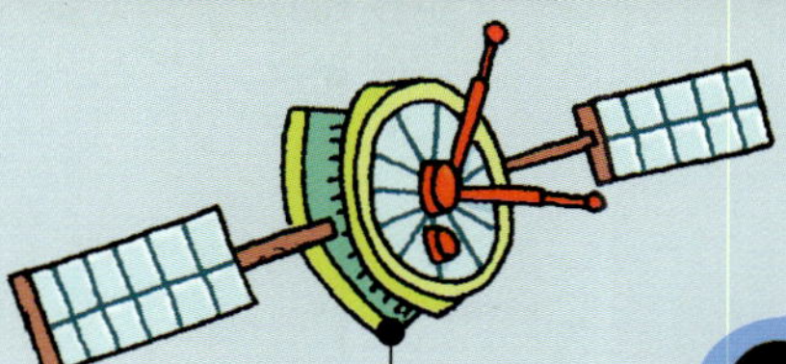

Est-on allé dans tous les recoins de la Terre ?

Non, quelques petits territoires très reculés demeurent quand même hors de tout contact avec le monde moderne : une parcelle de forêt amazonienne, un îlot, un coin de désert... Certains sont inhabités, d'autres peuplés par de petits groupes humains qui se sont adaptés aux conditions difficiles. Ces lieux ont encore bien des mystères à nous livrer, des millions de plantes, d'animaux à nous faire découvrir...

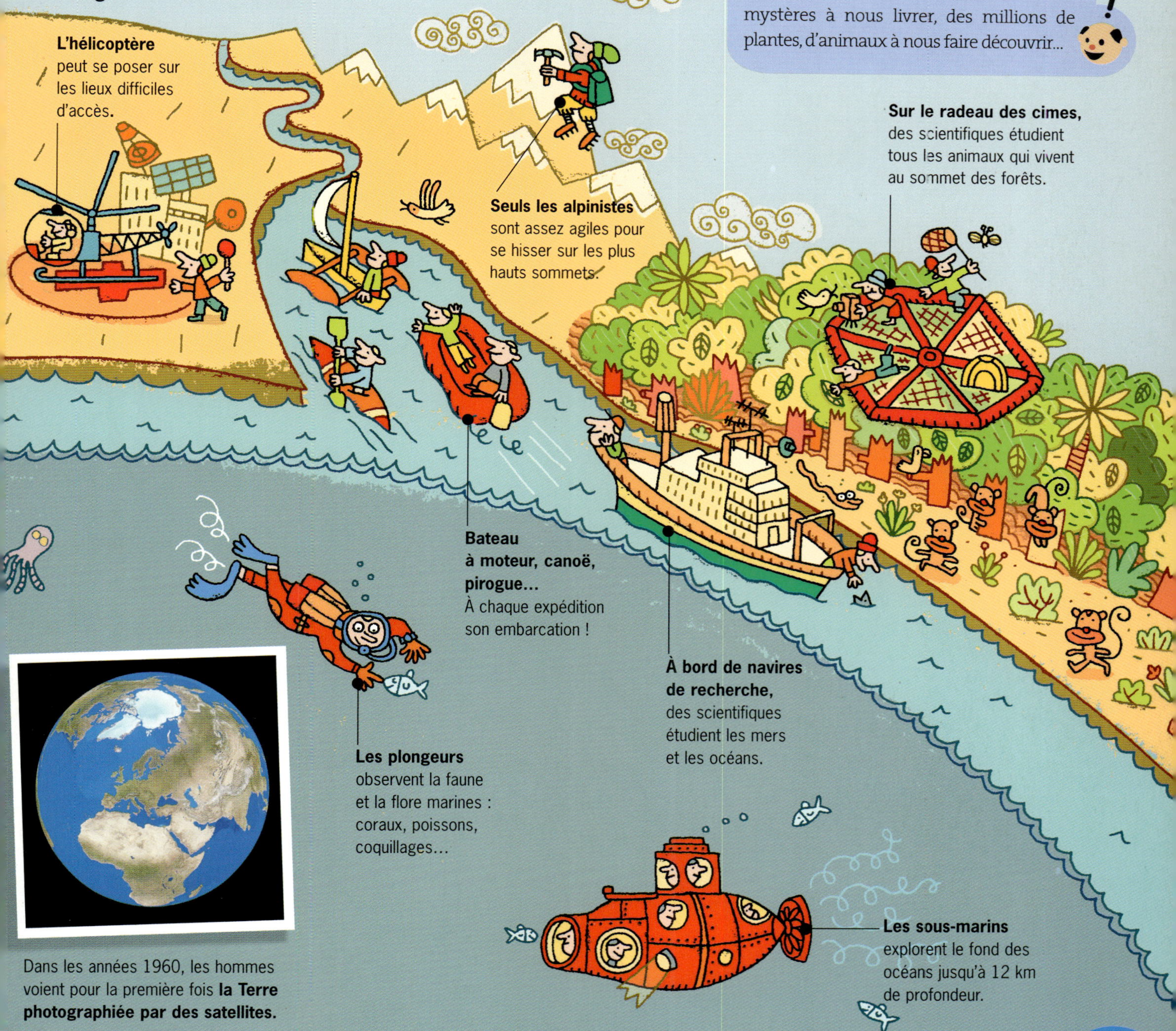

Dans les années 1960, les hommes voient pour la première fois **la Terre photographiée par des satellites.**

Tout autour du Soleil

Notre planète est une grosse boule qui file dans l'espace à 100 000 km/h et fait le tour du Soleil en 365 jours. Elle tourne aussi sur elle-même en 24 heures.

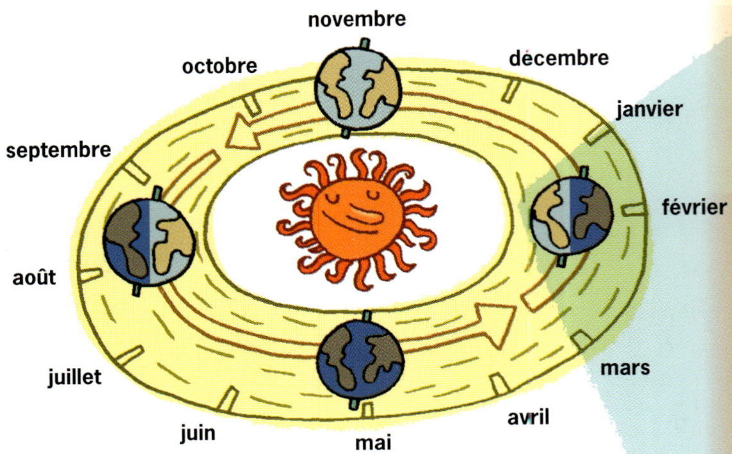

La Terre penche de 23,5 degrés par rapport à la verticale. Voilà le secret des saisons. En effet, selon la position de la Terre par rapport au Soleil, le Nord et le Sud ne reçoivent pas la même quantité de rayons solaires et donc de chaleur. En février, c'est l'hiver au Nord et l'été au Sud, qui est « tourné » vers le Soleil. En août, c'est l'inverse. La Terre a parcouru la moitié de sa rotation autour du Soleil. C'est l'été au Nord, « tourné » vers le Soleil, et l'hiver au Sud.

En février dans l'hémisphère Sud

Les rayons frappent à la verticale l'hémisphère Sud : c'est l'été.

En février dans l'hémisphère Nord

Dans le Nord, les rayons arrivent inclinés : c'est l'hiver.

Combien mesure la Terre ?

Sur l'équateur, la ligne qui sépare les hémisphères Nord et Sud, le tour de la Terre est de 40 024 km, soit environ quarante fois la distance entre Lille et Marseille ! Mais si on mesure le tour de la Terre en suivant une ligne passant par les pôles, la valeur est un tout petit peu plus faible car notre planète n'est pas tout à fait ronde : elle est légèrement aplatie aux pôles.

Le matin, le Soleil monte dans le ciel, l'après-midi, il descend et disparaît derrière l'horizon. Aurait-il la bougeotte ? Non, le Soleil ne bouge pas. C'est la Terre qui tourne sur elle-même en 24 heures et fait naître le jour et la nuit : le jour pour ceux qui sont dans la moitié de notre planète éclairée par le Soleil, la nuit pour les autres. Et comme la Terre n'arrête pas de tourner, le jour et la nuit se succèdent constamment.

Une planète de roche et de feu

Notre planète est vivante : elle bouillonne, bouge et crache de ses volcans des panaches de lave et de fumée. Faisons un voyage sous et sur la croûte terrestre, à la rencontre des roches, des océans, des continents…

Le mont Saint Helen's, un volcan de l'ouest des États-Unis, crache **un nuage de cendres.**

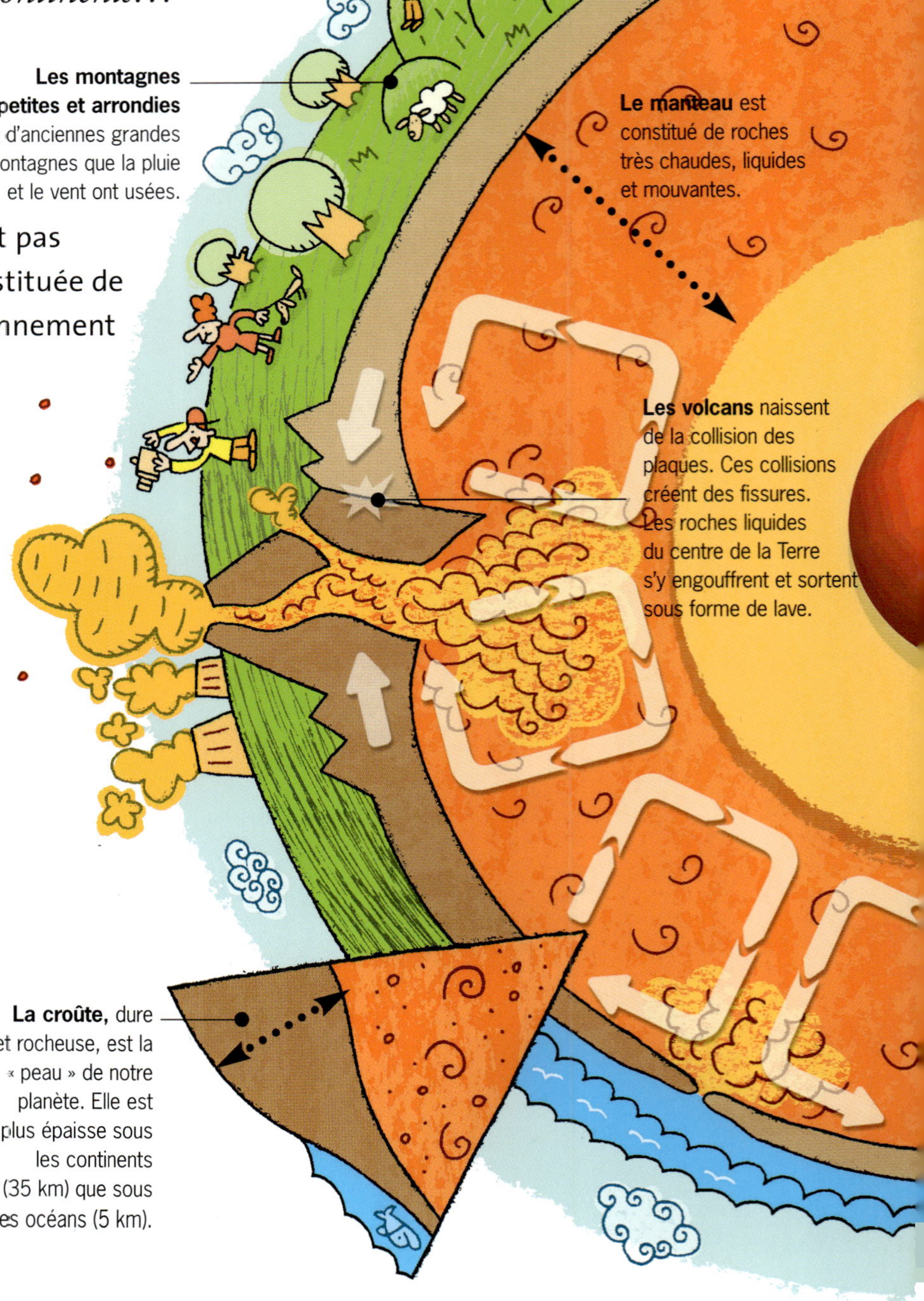

La surface de la Terre n'est pas immobile. La croûte terrestre est constituée de plusieurs plaques. À cause du bouillonnement des roches situées au cœur de notre planète, ces plaques se déplacent les unes par rapport aux autres. Elles ne bougent que de quelques centimètres par an, mais sur de très longues périodes, ces séparations ou ces chocs donnent naissance aux failles, aux montagnes, aux volcans…

infos chiffrées

4 km, c'est la plus grande profondeur à laquelle l'homme s'est enfoncé vers le centre de la Terre. Cela s'est passé dans une mine, en Afrique du Sud.

13 km, c'est la taille du trou le plus profond creusé par l'homme dans la croûte terrestre : un forage en Russie.

6 000 °C, c'est la température qui règne au centre de la Terre.

Lorsque deux plaques s'écartent l'une de l'autre, **d'immenses failles se forment.** La plupart sont au fond des océans.

Quand deux plaques entrent en collision, les roches se plissent, s'écrasent et se soulèvent. **Ainsi naissent les montagnes.**

La partie interne du noyau est composée de métaux solides…

… et sa partie externe de métaux liquides.

Quand, au milieu de l'océan, les roches très chaudes du centre de la Terre percent la croûte, **des volcans** se forment.

Plusieurs volcans peuvent se suivre à la queue leu leu. Le plus récent est le plus grand, les plus anciens s'enfoncent peu à peu dans l'eau.

La faille de San Andreas mesure plus de 1 000 km de long.

En Californie, deux plaques se déplacent parallèlement l'une à l'autre, mais en sens inverse. Elles créent **la faille de San Andreas** et provoquent de terribles tremblements de terre.

Un des sommets de la chaîne des montagnes de **l'Himalaya.**

Il y a 70 millions d'années, **la plaque portant l'Inde s'est mise en mouvement** vers la plaque asiatique.

Il y a 15 millions d'années, **ces plaques sont entrées en collision, faisant naître l'Himalaya.** Aujourd'hui, elles continuent à s'écraser l'une contre l'autre, et l'Himalaya grandit toujours !

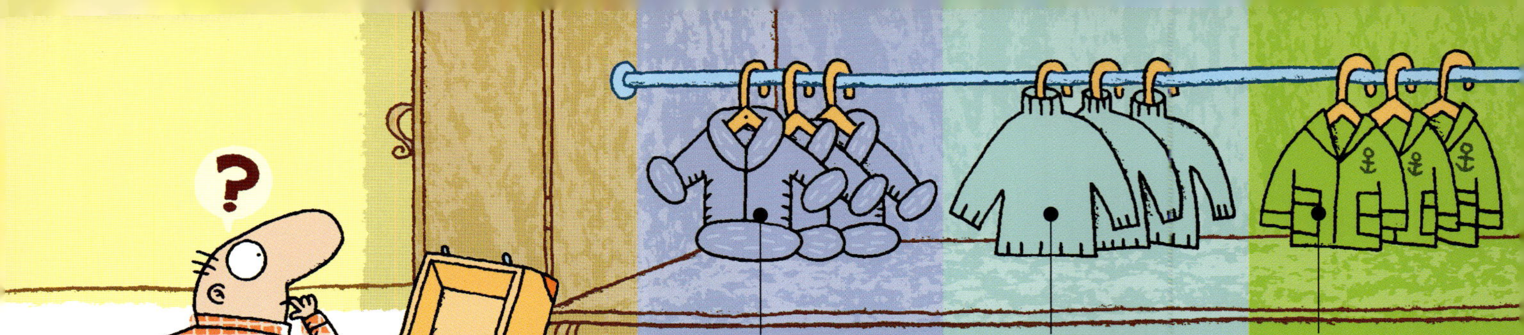

Tous les climats de la Terre

Chaud, froid, avec ou sans vent, sec ou pluvieux. Le temps change selon l'endroit de la Terre où l'on se trouve.

Océanique, méditerranéen, semi-continental, montagnard. En France, il y a **quatre climats !**

En Asie, il pleut énormément plusieurs mois par an. C'est **la mousson.**

Le climat méditerranéen existe aussi **en Californie,** dans l'ouest des États-Unis, et **en Australie !**

Le climat est le temps qu'il fait dans une région tout au long de l'année. De lui dépendent la végétation et les animaux que l'on trouve dans chaque endroit de la planète, tout comme la manière dont les hommes vivent, ce qu'ils mangent, comment ils s'habillent. On différencie huit grands climats sur l'ensemble de la Terre. Bien sûr, la limite entre deux zones climatiques n'est pas toujours très nette. À certains endroits, comme en France, on ressent l'influence de plusieurs climats.

anecdote

Quand l'océan fait la pluie et le beau temps

New York, aux États-Unis, et Porto, au Portugal, sont sur la même latitude, c'est-à-dire à la même distance de l'équateur. Il devrait donc y faire le même temps. Pourtant, en hiver, il y a toujours de la neige à New York et presque jamais à Porto. C'est qu'un courant froid marin refroidit New York et qu'un courant chaud réchauffe Porto. Sacré océan !

Sous les pluies abondantes et les grosses chaleurs vivent **le plus grand nombre** de plantes et d'animaux de la planète.

Climat méditerranéen
Il fait doux l'hiver, chaud et sec en été.

Climat aride et désertique
Il fait très chaud la journée et parfois très froid la nuit. Il pleut très peu.

Climat tropical
Il fait très chaud. L'année est coupée en deux : une saison sèche et une saison humide, très pluvieuse.

Climat équatorial
Il n'y a pas de saisons. Le temps est le même tous les jours de l'année : chaud et humide.

Climat montagnard
L'hiver est très froid, avec beaucoup de neige et de glace.

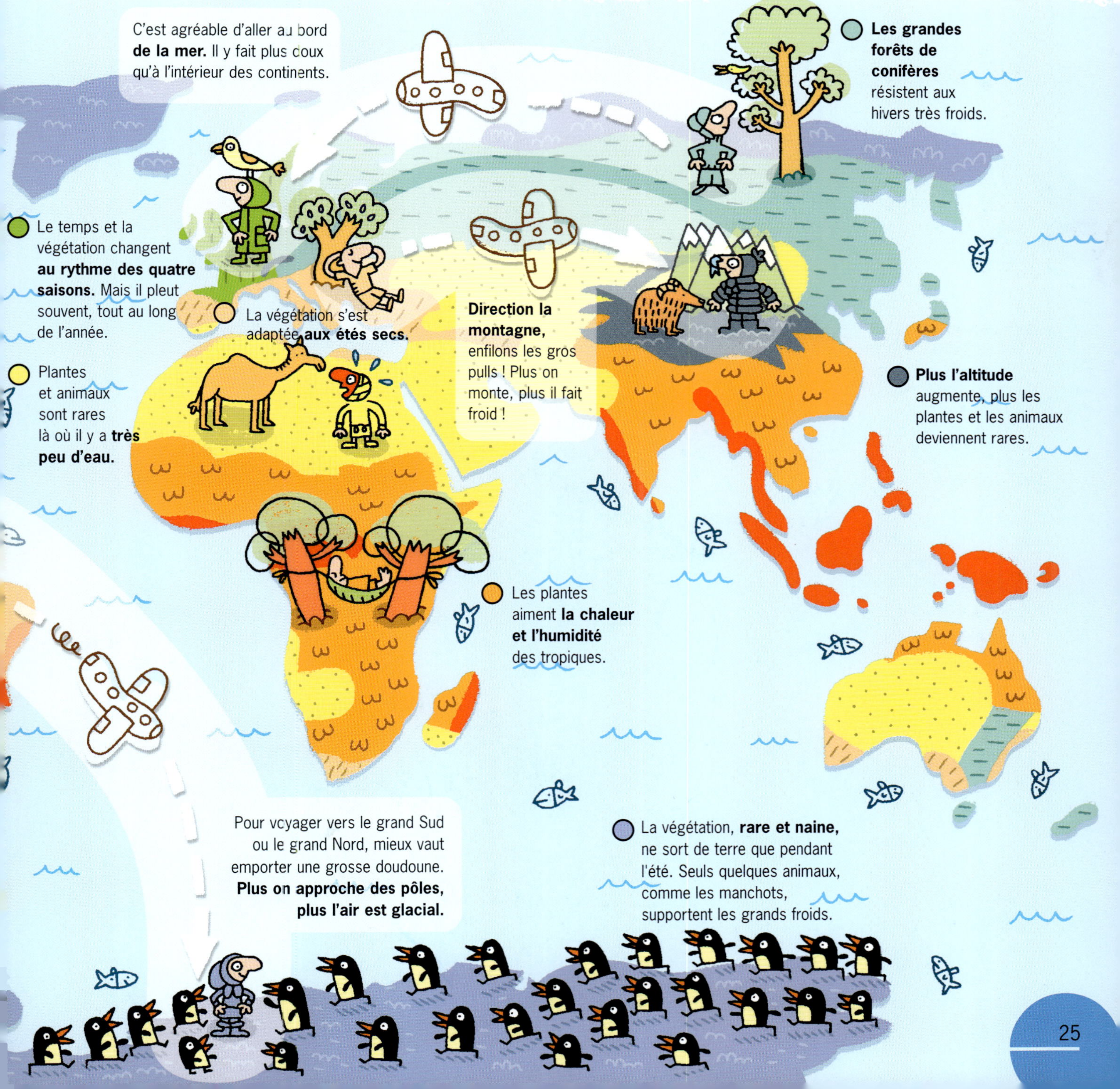

Terre de contrastes

Voici deux régions dont les climats sont opposés : le désert du Sahara, en Afrique, et la forêt équatoriale d'Amazonie, en Amérique du Sud.

Les déserts sont faits de dunes de sable mais aussi de grandes étendues de pierres, de montagnes et d'oasis. Il y fait très chaud et les pluies y sont rares. Pourtant, des êtres vivants réussissent à y vivre : les plantes, en récupérant l'humidité nocturne et en puisant l'eau profondément dans le sol ; les animaux, en vivant surtout la nuit et en s'abritant du soleil pendant la journée.

Dans une oasis, la végétation pousse grâce à la présence d'un point d'eau, à la surface ou dans le sous-sol peu profond. La plupart des oasis sont cultivées.

Les dunes sont de petites montagnes de sable formées par le vent. Leurs formes varient : allongées, en étoile, en croissant…

Les antilopes sont parmi les seuls grands animaux à résister à la chaleur du désert.

Les populations nomades du désert voyagent sur des dromadaires et vivent dans des tentes, faciles à transporter.

Les serpents se déplacent en se soulevant pour ne pas se brûler le ventre.

Avec leurs grandes oreilles, le fennec, le lièvre et la souris du désert évacuent la chaleur. **Avec leurs grandes pattes,** ils sautent sur le sable brûlant.

La première petite pluie fait verdir les herbes et les petits buissons. Mais la plupart du temps, cette végétation reste **jaune et sèche.**

Le Sahara

- **Superficie :** 1/4 de l'Afrique ou 15 fois la France.
- **Particularité :** le plus grand désert chaud de la planète.
- **Températures :** plus de 50 °C l'été.
- **Pluies :** quelques averses dans l'année.

Pendant la journée, **le scorpion** se réfugie sous des pierres ou dans de petits terriers.

De grands arbres solitaires dépassent de la forêt, atteignant parfois 70 m de hauteur. Les oiseaux prédateurs vivent dans ces cimes.

La forêt amazonienne

- **Superficie :** 2/5e de l'Amérique du Sud ou 14 fois la France.
- **Particularité :** abrite les plus puissants fleuves et rivières de la planète.
- **Températures :** de 25 à 28 °C toute l'année.
- **Pluies :** 200 jours de pluies abondantes par an.

La partie supérieure de la forêt, baignée de lumière, s'appelle **la canopée.** C'est là que vivent le plus grand nombre d'animaux.

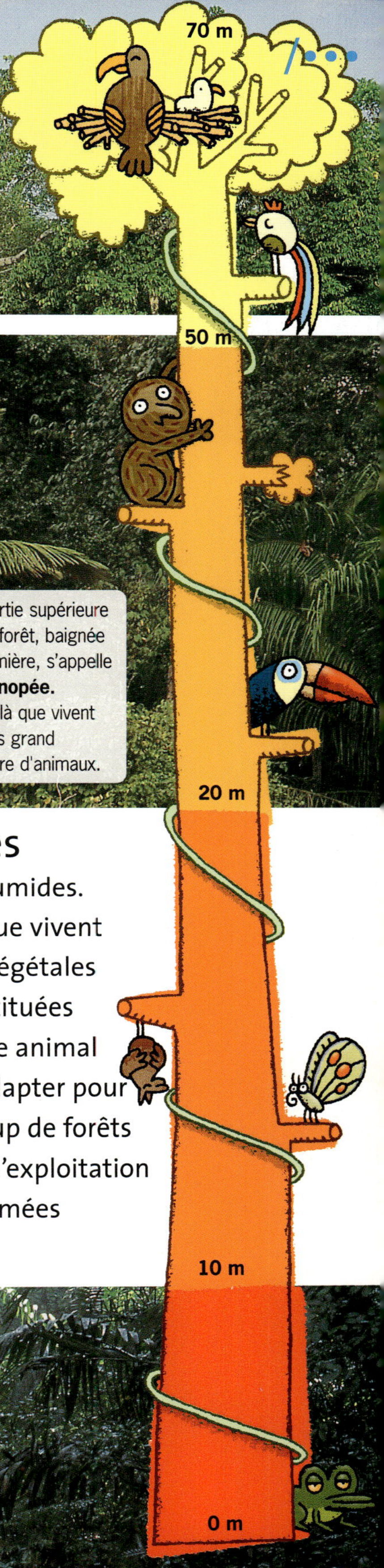

Le centre de la forêt est un enchevêtrement de troncs, de lianes et de feuillage.

Les forêts équatoriales

sont des forêts chaudes et très humides. La vie y est exubérante. C'est là que vivent le plus grand nombre d'espèces végétales et animales. Ces forêts sont constituées de plusieurs « étages » où chaque animal et chaque plante ont réussi à s'adapter pour vivre. Malheureusement, beaucoup de forêts équatoriales sont détruites pour l'exploitation de leur bois ou pour être transformées en plantations.

Il fait très sombre au pied des grands arbres car la végétation est si dense qu'elle laisse passer peu de lumière.

Une planète d'eau

De toutes les planètes du système solaire, la Terre est la seule où la vie a pu se développer. Quel est le secret de ce miracle ? L'eau ! Elle est présente partout et dans tous ses états.

Dans le ciel, la vapeur se condense et forme des nuages. Poussés par le vent, **ils transportent l'eau** sur des centaines de kilomètres.

Les barrages produisent de l'électricité.

L'air que nous respirons est plus ou moins humide : il contient de la vapeur, c'est-à-dire **de l'eau à l'état gazeux.**

Les trois quarts de l'eau qui s'évapore retombent sur les mers et les océans. Le reste arrose les continents.

L'eau est une grande voyageuse qui ne cesse de se déguiser. Elle quitte la mer à l'état liquide pour se retrouver gazeuse dans l'air puis retomber sous forme de glace dans la montagne. Là, son périple continue, elle redevient liquide, coule sur le sol, dans les fleuves et les rivières, et rejoint la mer, son point de départ. Tout au long de ce cycle, l'eau profite aux organismes vivants. Elle est le constituant principal des plantes et des animaux, dont nous, les êtres humains, et elle nous est indispensable pour vivre. Nous l'utilisons à chaque instant, pour boire, arroser, produire de l'électricité... L'eau est précieuse !

Sous la chaleur du soleil, l'eau de la mer, des lacs et des rivières, du sol et des plantes **s'évapore dans l'air** sous forme de vapeur.

Une partie de la pluie s'infiltre dans le sol et forme des rivières et des réserves d'eau souterraines, appelées **nappes phréatiques.**

Les nuages sont formés de micro-gouttelettes en suspension qui retombent ensuite sous forme de pluie, de grêle ou de neige.

Une partie de la pluie coule sur la terre et rejoint les lacs, les fleuves et les océans. On dit qu'**elle ruisselle.**

Des réserves d'eau sont stockées **dans des châteaux d'eau**.

La glace et la neige sont de **l'eau à l'état solide.** Elles recouvrent les paysages en hiver et, toute l'année, les plus hauts sommets des montagnes.

L'eau permet de faire pousser des légumes, des fruits. Quand il ne pleut pas assez, il faut **arroser.**

En bouteille ou coulant du robinet, **l'eau à l'état liquide** fait partie de notre vie de tous les jours. Dans la nature, elle forme la pluie, les fleuves, les océans...

Et si l'eau disparaissait...

... les plantes mourraient car elles ne peuvent survivre sans eau.

... la surface de la Terre deviendrait **un désert** comme celle de la Lune ou de Mars.

... il n'y aurait plus ni hommes ni animaux. La Terre serait **une planète sans vie.**

Mers et océans

On connaît bien les bords de mer, mais les grandes profondeurs des océans cachent de nombreux secrets. Plongée en eau bleu nuit…

Dans les marais salants, le sel de la mer est récupéré. On le retrouve ensuite dans nos assiettes.

Des plates-formes pétrolières pompent le pétrole du sous-sol marin grâce à de gros tuyaux. Elles sont situées au niveau du plateau continental, là où il y a peu de profondeur.

Les vagues naissent sous le souffle du vent. Près des côtes, elles se brisent, formant rouleaux et écume.

La pente tout près des côtes est très riche en végétaux, en coraux et en poissons. C'est là que les poissons se nourrissent et se reproduisent.

Le littoral est la frontière entre la terre et la mer. Il est formé de plages, de dunes, de falaises…

Les petits poissons vivent en groupe (en « banc ») afin de mieux se défendre.

Le plateau continental est situé à proximité des côtes. C'est le prolongement direct des terres émergées. Sa profondeur dépasse rarement les 200 mètres.

Le talus continental ressemble à une gigantesque falaise sous la mer. Il descend en pente raide vers les grandes profondeurs sous-marines.

Les records des mers et des océans

- **L'océan Glacial Arctique,** situé autour du pôle Nord, est le plus froid.
- **La mer d'Aral** est en grande partie asséchée. On a trop pompé l'eau des rivières qui l'alimentaient.
- **L'océan Atlantique** est traversé par le plus fort courant marin, le Gulf Stream.
- **La mer Méditerranée** est la plus grande mer de la planète.
- **La mer Morte** est extrêmement salée. Aucune vie ne peut s'y développer.
- **L'océan Pacifique** est le plus grand de tous les océans.

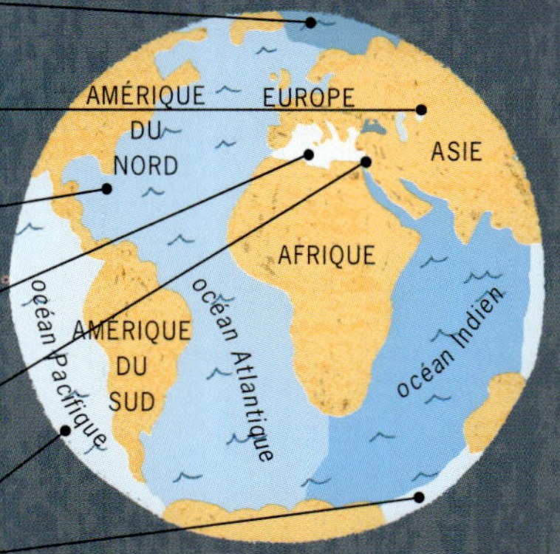

71 % de la surface de la Terre sont recouverts par les mers et les océans. Les océans sont vastes et s'étendent d'un continent à l'autre ; les mers, plus petites, sont situées près des côtes. Des millions de bateaux les parcourent en tous sens pour pêcher, voyager ou transporter des marchandises. Les bords de mer sont très peuplés. C'est dans les faibles profondeurs, tout près des rivages, que se concentre la vie végétale et animale : algues, coraux, poissons… Les grands fonds sont quant à eux encore inexplorés. Ils recèlent des paysages spectaculaires composés de plaines immenses et de reliefs vertigineux.

Les navires de commerce transportent 70 % des marchandises échangées sur la planète. Les pétroliers, en nettoyant leurs cuves en pleine mer ou en faisant naufrage, déversent des tonnes de pétrole dans les océans.

Les baleines, les dauphins, les thons et les autres grands animaux marins parcourent de grandes distances.

Une île volcanique est un volcan né sous la mer et qui sort la tête de l'eau.

Une planète d'air

Parmi les planètes du système solaire, seule la Terre possède une atmosphère, une couche d'air protectrice qui a permis à la vie de se développer. Prenons-en soin !

L'atmosphère est une masse d'air qui enveloppe la Terre jusqu'à 700 km d'altitude. L'air y est constitué d'azote (à 78 %), d'oxygène (à 21 %) et d'autres gaz en faible quantité (gaz carbonique, hydrogène, méthane, ozone...). L'air devient de plus en plus rare à mesure qu'on s'élève. L'atmosphère régule la température à la surface de notre planète grâce à l'effet de serre. Elle filtre également des rayons solaires mortels, les ultraviolets. Sans atmosphère, la vie n'existerait pas !

L'hétérosphère

Bientôt **l'espace !** Ici, l'air est très rare.

Les météorites sont des cailloux qui voyagent dans l'espace. Elles sont brûlées et détruites en entrant dans l'atmosphère.

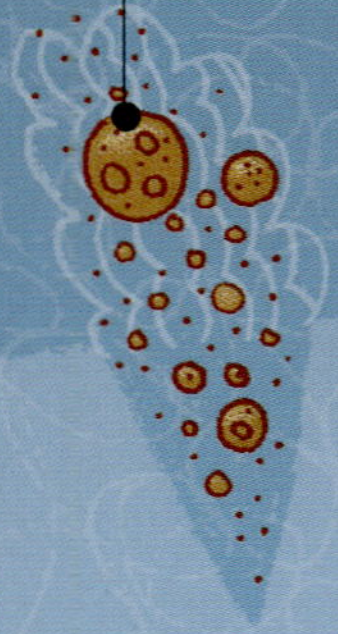

La mésosphère

Cette couche nous protège **des météorites** qui brûlent en formant des « étoiles filantes ».

La stratosphère

Ici, **l'ozone** absorbe les rayons ultraviolets.

À forte dose, **les rayons solaires ultraviolets** sont mortels. Heureusement, ils sont détruits par un gaz présent dans la stratosphère : l'ozone.

La troposphère

C'est dans la couche inférieure de l'atmosphère que naissent **le vent, les nuages et la pluie.**

Grâce à l'atmosphère, qui régule la température et filtre les rayons solaires nocifs, **les êtres humains, les animaux et les plantes** peuvent vivre sur la Terre.

700 km

– 1 200 °C

La température de l'atmosphère passe par **des bas et des hauts.** Elle chute, remonte un peu, puis baisse considérablement avec l'altitude.

Les satellites tournent entre 400 et 1 500 km.

Les navettes spatiales effectuent souvent des missions à 400 km d'altitude.

80 km

– 90 °C

48 km

0 °C

Les ballons-sondes montent jusqu'à 30 km d'altitude.

16 km

– 56 °C

Les avions volent jusqu'à 12 km au-dessus de nos têtes.

L'Everest, la plus haute montagne de la Terre, s'élève à moins de 9 km.

Depuis deux siècles, les hommes abîment considérablement l'atmosphère. Chauffages, usines, avions, bateaux, voitures crachent des gaz et des poussières, et cette pollution, que nous respirons, cause de graves maladies. Certains de ces gaz renforcent également l'effet de serre et participent sans doute au réchauffement de notre planète. D'autres enfin, utilisés il y a quelques années dans les réfrigérateurs et les bombes aérosols (celles qui font «pschiit»), ont détruit une partie de la couche d'ozone qui nous protège des rayons ultraviolets.

Et si l'atmosphère disparaissait…

… **les rayonnements ultraviolets** (UV) tueraient les humains, les animaux et les plantes.

… la température moyenne serait de **– 18 °C,** car il n'y aurait plus d'effet de serre.

… la température grimperait jusqu'à **100 °C** la journée et descendrait à **– 150 °C** la nuit.

Les rizières et les vaches rejettent également des gaz qui participent au réchauffement de la planète.

Les bombes aérosols sont aujourd'hui inoffensives, mais elles ont longtemps abîmé la couche d'ozone.

Les véhicules et les usines dégagent des gaz polluants, notamment du gaz carbonique.

L'atmosphère piège une partie de la chaleur due au soleil et se réchauffe comme l'air dans une serre de jardinier. C'est pourquoi on appelle ce phénomène **l'effet de serre.**

La météorologie

Pluie, soleil, vent ? Pour prévoir le temps des jours à venir, on utilise les technologies les plus modernes. Visite guidée d'un centre météorologique.

Chaque matin, on écoute le bulletin météo à la radio, et on sait quels vêtements enfiler. Facile ! Et pourtant, la préparation de ces informations a demandé un travail fou. Des centaines de personnes ont collecté et interprété des milliers d'observations sur terre, en mer et dans les airs. Ces mesures ont ensuite été analysées par de puissants ordinateurs, capables de traiter jusqu'à 300 milliards d'opérations à la seconde. Enfin, les prévisionnistes ont interprété toutes ces données avec leur expérience, et un brin d'intuition. Ne leur demandez tout de même pas de prévoir le temps au-delà de sept jours ! C'est impossible, l'atmosphère de notre planète est bien trop changeante.

Quels souffles !

Force 0
« Temps calme », pas de vent.

Force 2
« Légère brise », les feuilles frémissent.

Force 4
« Jolie brise », les drapeaux claquent.

Force 7
« Grand frais », il est difficile de marcher.

Force 10
« Tempête », des arbres sont déracinés.

Force 12
« Ouragan », les voitures et les toits des maisons s'envolent.

Les satellites photographient la terre, les nuages et mesurent la température des océans.

Le centre météorologique analyse des informations venant de toute la planète. Afin de prévoir le temps pour les heures et les jours à venir, on y travaille 24 heures sur 24.

infos chiffrées

70 °C, c'est le record de chaleur, atteint au Sahara !

- 92 °C, c'est la température la plus basse jamais atteinte, relevée en Antarctique.

320 km/h, c'est le vent le plus fort, qui a aussi été enregistré en Antarctique.

1,87 m d'eau, c'est la hauteur de pluie tombée en deux jours sur l'île de la Réunion en 1952 !

Des bulletins météorologiques sont conçus dans le centre météorologique. Ils sont ensuite diffusés par la radio, la télévision, le téléphone ou encore Internet.

Si le temps est vraiment mauvais, il est trop dangereux de s'envoler, de partir en mer ou en montagne. Pour beaucoup de gens, les prévisions météo sont donc indispensables. Pour d'autres, elles sont simplement utiles pour décider de ce qu'ils vont mettre dans leur valise avant de partir en week-end !

Les fureurs de la Terre

Quand la Terre craque ou crache des roches en fusion, quand le vent ou la pluie se déchaînent, que peut-on faire ? Peu de choses, si ce n'est tenter de prévoir ces catastrophes.

Les êtres humains ne peuvent arrêter les fureurs de la planète. Ils savent seulement suivre le trajet des tempêtes et des inondations et se mettre à l'abri lorsqu'elles approchent, ou fuir les éruptions volcaniques quelques heures avant leur déclenchement. Beaucoup de catastrophes sont donc inévitables. D'autres sont en revanche provoquées par l'imprudence des hommes. C'est le cas des feux de forêts, des coulées de boue ou de certaines avalanches.

Construire ou couper des arbres sur une pente fragilise le sol. Dans les pays où il pleut beaucoup, l'eau peut alors emporter la terre et créer **des coulées de boue.**

Quand le vent souffle fort, il est très difficile d'arrêter **un feu de forêt.** On fait alors appel à des avions qui puisent de l'eau dans la mer et la jettent sur les flammes.

Les avalanches sont de grandes quantités de neige qui se détachent de la montagne. Elles peuvent être provoquées par des skieurs imprudents.

métier...

volcanologue

Le volcanologue étudie les volcans. Il les surveille, les filme, retrace leur histoire. Il collecte et analyse les laves, les gaz et les roches volcaniques. Son but est de comprendre les causes des éruptions et de prévoir le moment où ces étranges montagnes cracheront de nouveau du feu. Ainsi, les populations peuvent être averties à temps du danger.

Au-dessus des mers chaudes, dans les régions tropicales, l'eau peut créer un courant d'air chaud qui se transforme en un vent tourbillonnant, appelé **cyclone.** Il emporte tout sur son passage : voitures, arbres, maisons...

Les tremblements de terre peuvent éventrer une route, faire s'écrouler un pont ou un immeuble. On ne peut pas prévoir leur déclenchement. Dans les régions à risques, les maisons sont conçues pour résister aux séismes. Certaines sont par exemple construites sur des sortes de ressorts.

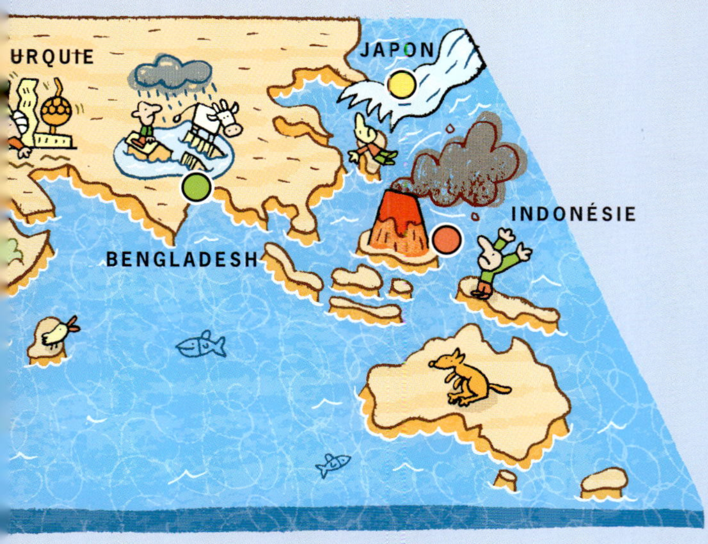

Lorsqu'il pleut beaucoup ou que la glace des montagnes fond, les fleuves peuvent déborder et inonder la terre. **Les inondations** sont fréquentes en Asie durant la mousson, une période de l'année où la pluie tombe en abondance.

Les tsunamis sont de gigantesques vagues provoquées par des tremblements de terre sous-marins. Ils sont assez rares et se produisent surtout dans l'océan Pacifique.

Les volcans sont comme des soupapes pour notre planète. Ils laissent échapper les roches en fusion de l'intérieur de la Terre, crachent des laves, des pierres brûlantes, des gaz ou des cendres qui recouvrent alors le paysage. On les surveille, mais leurs éruptions se déclenchent parfois trop rapidement pour être devancées.

Le corps humain

Secrets de fabrication

Le corps humain ressemble à un montage ingénieux et complexe de centaines d'organes : les os, le cerveau, le cœur, les poumons, les intestins, la peau...

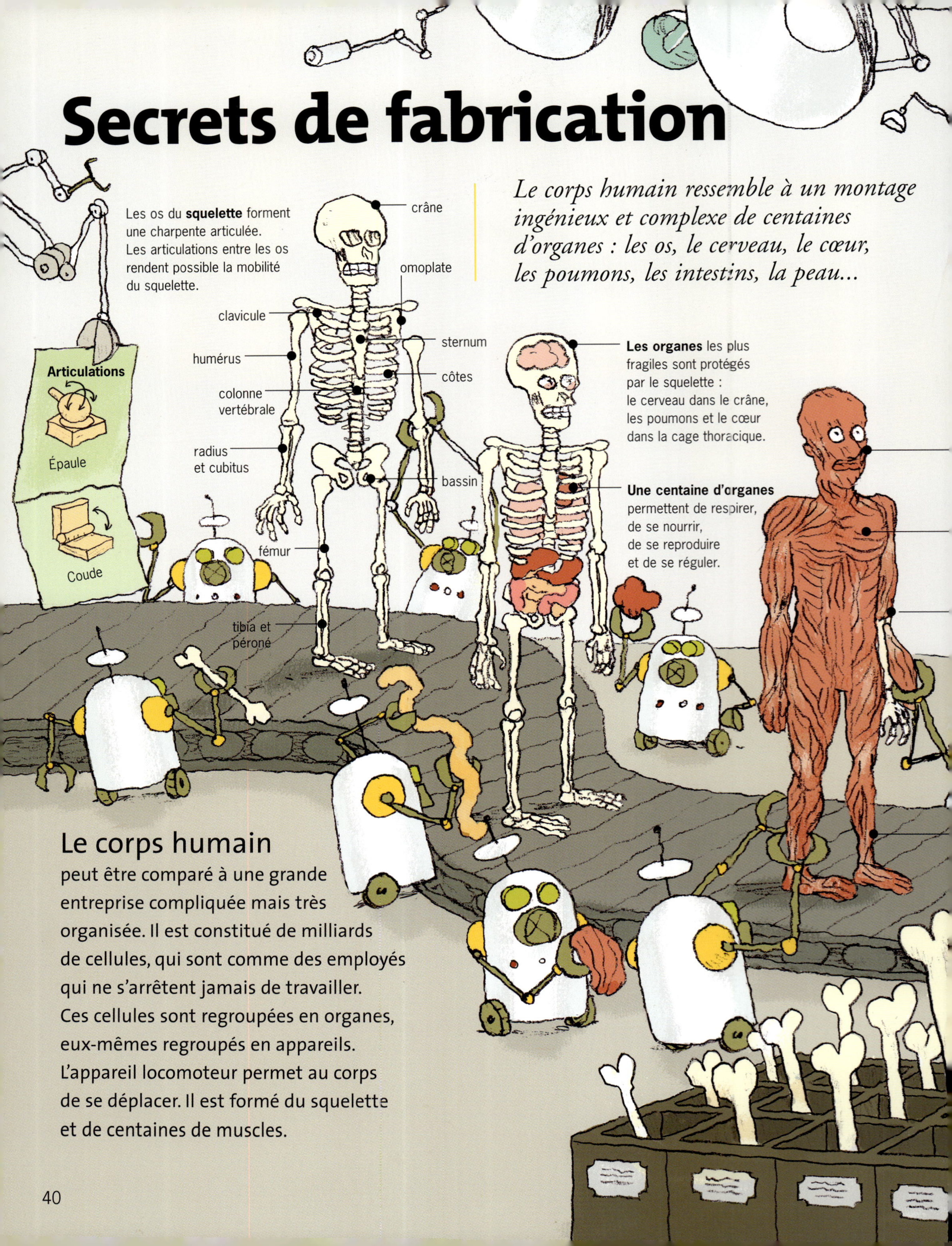

Le corps humain

peut être comparé à une grande entreprise compliquée mais très organisée. Il est constitué de milliards de cellules, qui sont comme des employés qui ne s'arrêtent jamais de travailler. Ces cellules sont regroupées en organes, eux-mêmes regroupés en appareils. L'appareil locomoteur permet au corps de se déplacer. Il est formé du squelette et de centaines de muscles.

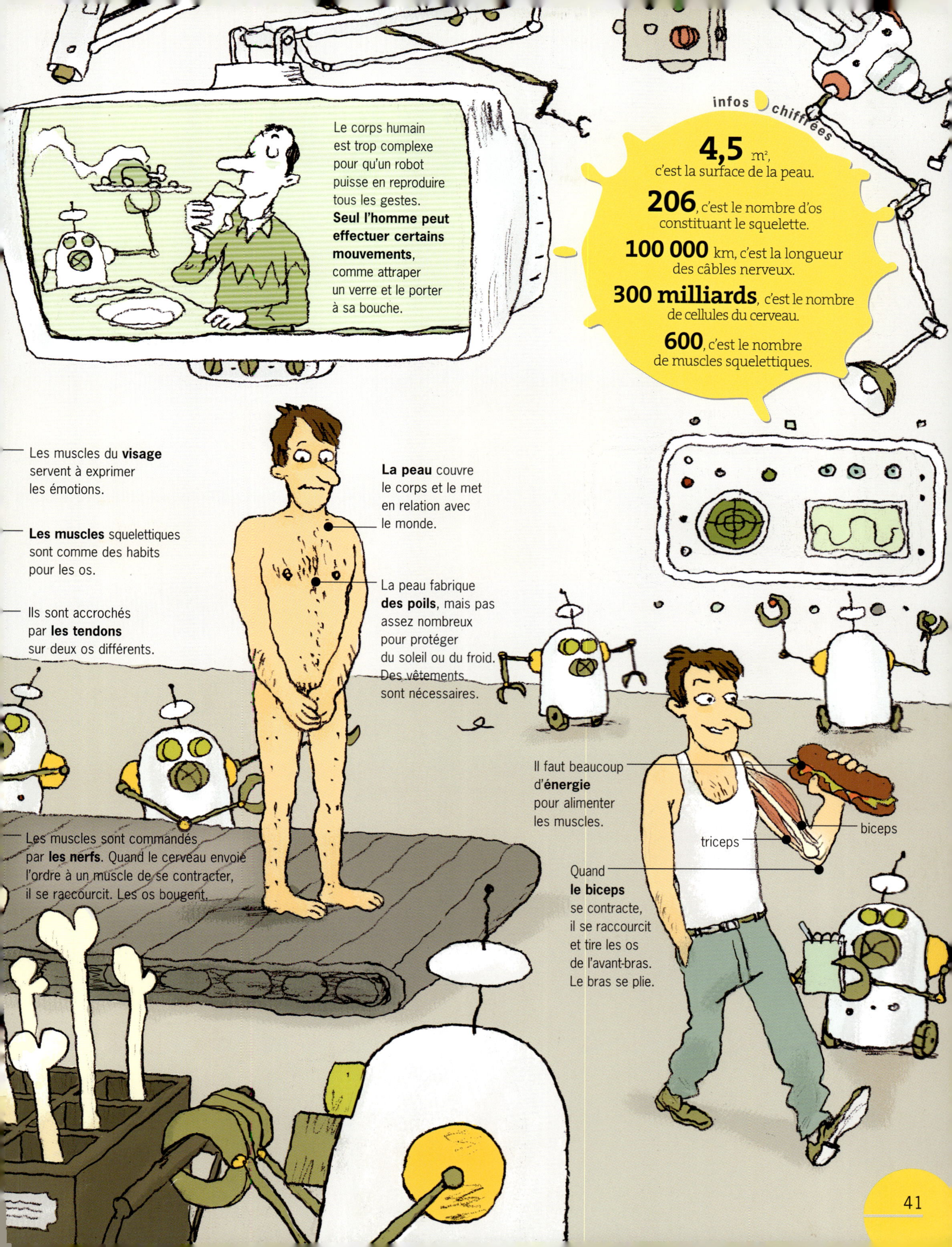

Le corps humain est trop complexe pour qu'un robot puisse en reproduire tous les gestes. **Seul l'homme peut effectuer certains mouvements**, comme attraper un verre et le porter à sa bouche.

infos chiffrées

4,5 m², c'est la surface de la peau.

206, c'est le nombre d'os constituant le squelette.

100 000 km, c'est la longueur des câbles nerveux.

300 milliards, c'est le nombre de cellules du cerveau.

600, c'est le nombre de muscles squelettiques.

Les muscles du **visage** servent à exprimer les émotions.

Les muscles squelettiques sont comme des habits pour les os.

Ils sont accrochés par **les tendons** sur deux os différents.

Les muscles sont commandés par **les nerfs**. Quand le cerveau envoie l'ordre à un muscle de se contracter, il se raccourcit. Les os bougent.

La peau couvre le corps et le met en relation avec le monde.

La peau fabrique **des poils**, mais pas assez nombreux pour protéger du soleil ou du froid. Des vêtements sont nécessaires.

Il faut beaucoup d'**énergie** pour alimenter les muscles.

Quand **le biceps** se contracte, il se raccourcit et tire les os de l'avant-bras. Le bras se plie.

Tu manges, tu te construis !

Avant d'être utilisés comme matériaux de construction ou comme carburant pour le corps, les aliments doivent être transformés. C'est la digestion.

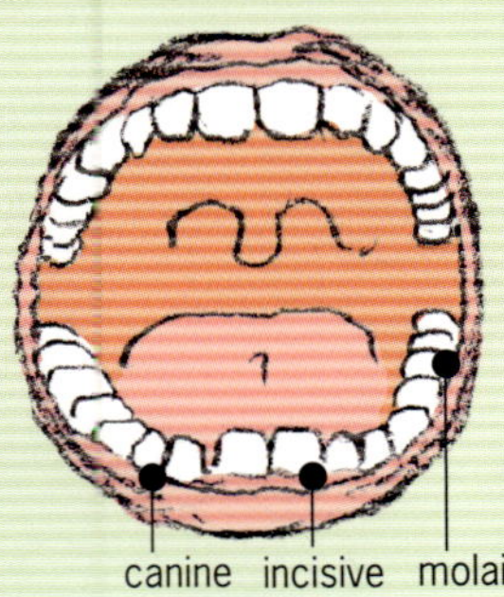

Dents

8 incisives pour couper les aliments,
4 canines pour les déchiqueter,
20 molaires pour les écraser.

Bouche

Grâce à **nos dents**, spécialisées, les aliments sont coupés, déchiquetés, écrasés et imprégnés par la salive. Ainsi, ils traverseront plus facilement **l'œsophage**, la partie haute du tube digestif.

Notre corps se construit et fonctionne grâce à ce que nous mangeons. Les aliments sont classés en différents groupes selon leurs apports nutritifs. Les viandes, les œufs, les poissons et les produits laitiers sont indispensables pour grandir et pour se réparer. Les céréales, les féculents (pomme de terre, lentille...) et les matières grasses apportent de l'énergie. Les fruits et les légumes verts aident à rester en bonne forme. Les boissons renouvellent l'eau que le corps perd chaque jour.

Appareil digestif

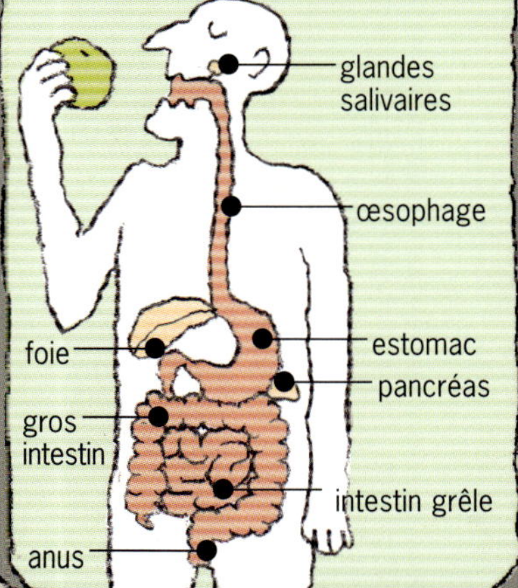

La digestion permet de transformer la nourriture et de la rendre utilisable par le corps. Tout au long de leur parcours dans le tube digestif, les aliments sont écrasés, liquéfiés, puis transformés peu à peu par les substances chimiques fabriquées par les glandes digestives. Ils sont ainsi simplifiés en tout petits éléments qui vont pouvoir passer dans le sang et être distribués à toutes les cellules du corps.

Et l'urine, d'où vient-elle ?

L'urine ne vient pas de la digestion, elle est fabriquée par les reins. Elle contient des déchets qui proviennent de ton corps et qui pourraient être dangereux. Les reins fonctionnent comme des filtres : quand le sang traverse les reins, ils le débarrassent de ces déchets et de l'eau en surplus et les transforment en urine. L'urine est ensuite stockée dans une petite poche, la vessie, avant d'être évacuée.

La nourriture arrive très vite dans **l'estomac**. Elle y est brassée entre 2 et 8 heures. Les substances chimiques du suc digestif la transforment en bouillie.

20:00

La bouillie passe dans **l'intestin grêle**. Les muscles qui tapissent la paroi de l'intestin se contractent et font avancer la bouillie. Des substances chimiques provenant de l'intestin, du foie et du pancréas poursuivent la digestion.

24:00

4 heures plus tard, les aliments consommés sont transformés. **Les nutriments**, les éléments libérés par la digestion, sont absorbés. Ils passent à travers la paroi de l'intestin et gagnent les vaisseaux sanguins.

Dans **le gros intestin**, il faut compter environ 15 heures avant que la digestion se termine. L'eau y est absorbée.

15:00

Les aliments qui ne peuvent pas être digérés forment **les excréments**. Ils sont évacués par l'anus. Plus d'une journée s'est écoulée depuis le repas !

Grâce au **cœur**, les nutriments passés dans le sang sont distribués à tous les organes.

Circulez, les globules !

En empruntant les 950 kilomètres de vaisseaux sanguins de notre corps, des milliards de globules rouges transportent l'oxygène dans tout l'organisme. C'est le cœur qui les met en circulation.

Inspirer, expirer ! Sans y penser la plupart du temps, aussi bien pendant que nous sommes éveillés que pendant notre sommeil, nous effectuons des mouvements respiratoires. Ces mouvements permettent à l'air d'entrer et de sortir régulièrement de nos poumons. L'oxygène indispensable à la vie, et qui est contenu dans l'air, peut ainsi être prélevé. Il est pris en charge par le sang. Le cœur, en se contractant, met en mouvement le sang et l'oxygène peut être distribué dans tout le corps.

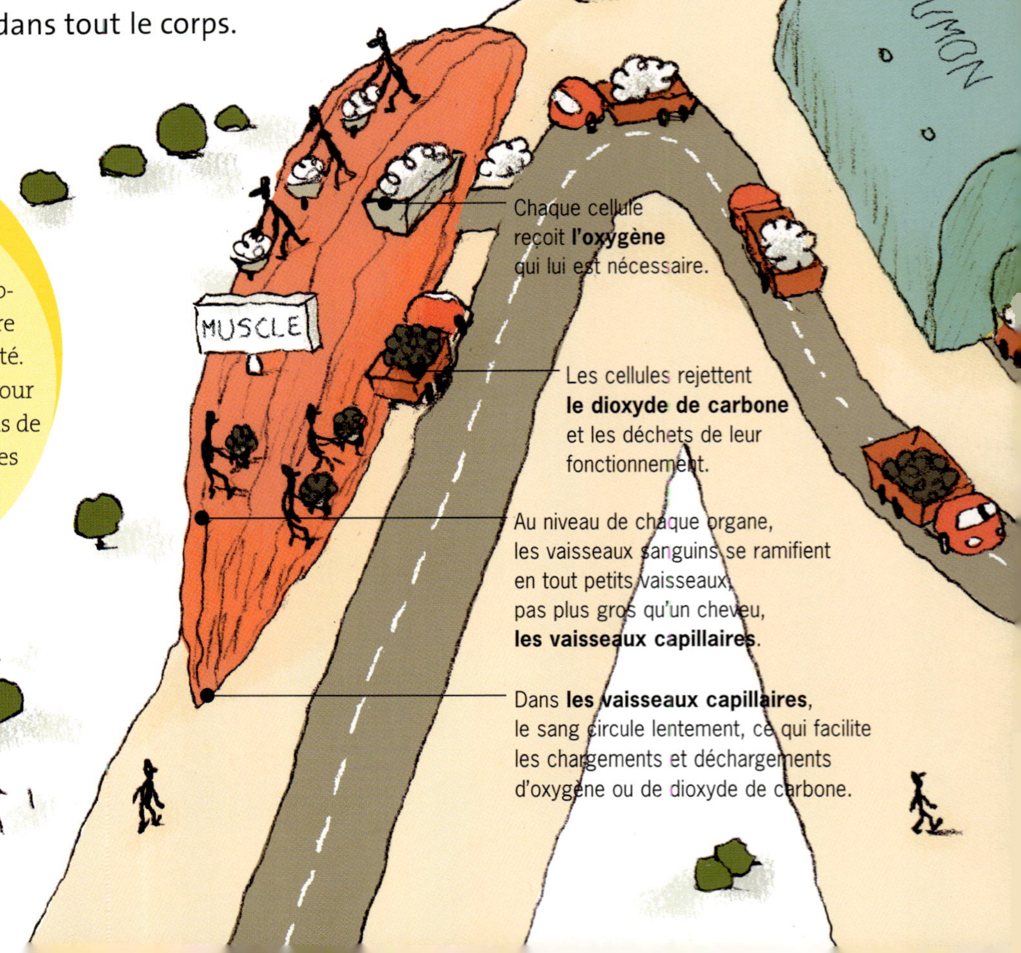

métier...

contrôleur de l'air

Ce nouveau métier est indispensable dans les villes : les industries et la circulation automobile rejettent dans l'atmosphère des polluants nuisibles pour la santé. Des spécialistes effectuent chaque jour des mesures de qualité de l'air. En cas de pollution importante, ils alertent les médias et recommandent d'éviter de sortir les jeunes enfants.

En cas d'effort physique, les muscles ont besoin de beaucoup d'énergie pour fonctionner. Le rythme respiratoire s'accélère et le cœur se met à battre plus rapidement. Les muscles peuvent ainsi recevoir plus vite l'oxygène et les aliments qui leur sont nécessaires. Après, on est tout essoufflé et on a besoin de temps pour récupérer.

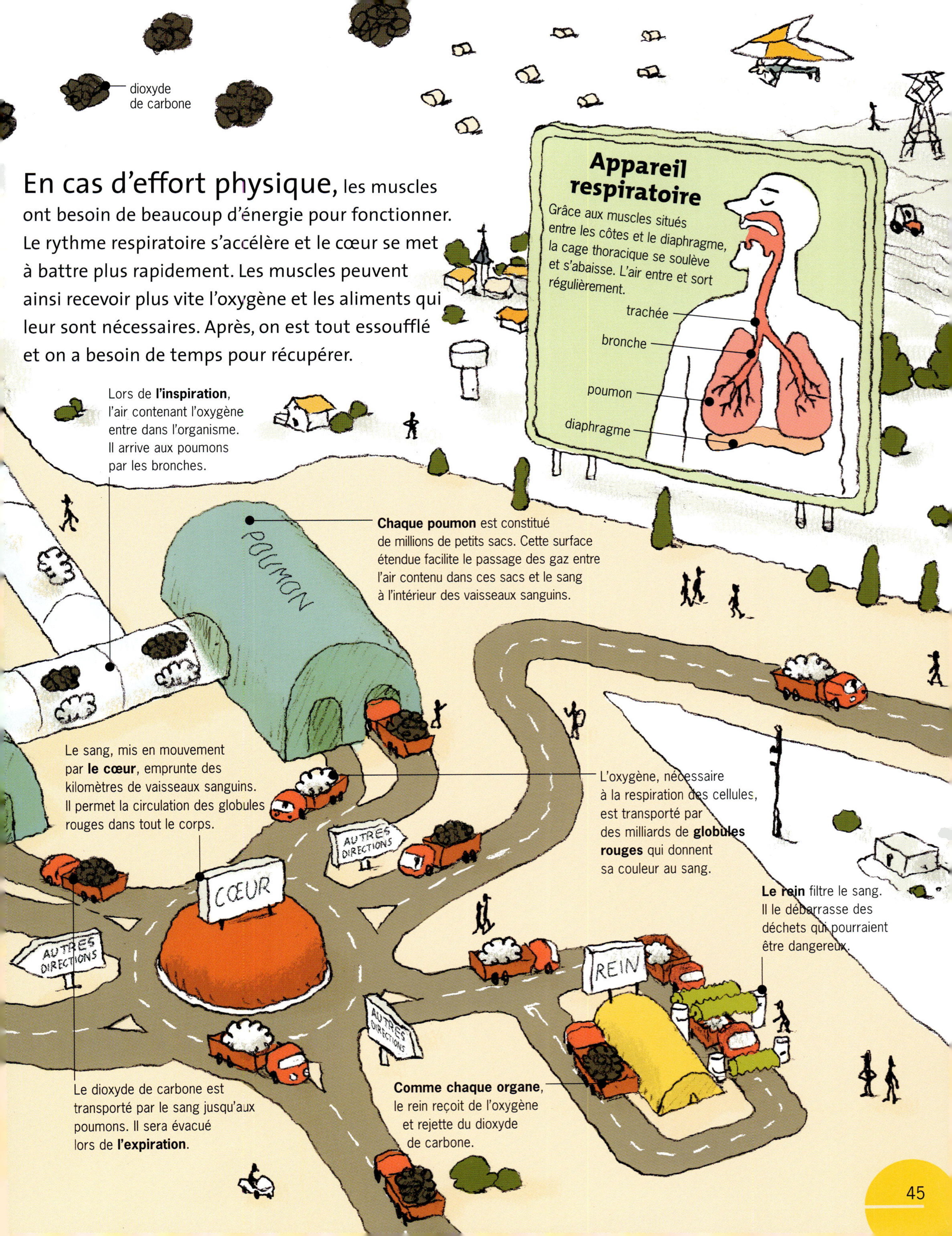

Lors de **l'inspiration**, l'air contenant l'oxygène entre dans l'organisme. Il arrive aux poumons par les bronches.

Chaque poumon est constitué de millions de petits sacs. Cette surface étendue facilite le passage des gaz entre l'air contenu dans ces sacs et le sang à l'intérieur des vaisseaux sanguins.

Le sang, mis en mouvement par **le cœur**, emprunte des kilomètres de vaisseaux sanguins. Il permet la circulation des globules rouges dans tout le corps.

L'oxygène, nécessaire à la respiration des cellules, est transporté par des milliards de **globules rouges** qui donnent sa couleur au sang.

Le rein filtre le sang. Il le débarrasse des déchets qui pourraient être dangereux.

Le dioxyde de carbone est transporté par le sang jusqu'aux poumons. Il sera évacué lors de **l'expiration**.

Comme chaque organe, le rein reçoit de l'oxygène et rejette du dioxyde de carbone.

Les cinq sens

Les sens jouent un rôle essentiel dans notre perception du monde. Les organes des sens captent les stimulations et les codent en signaux. Ces signaux sont transportés par les nerfs sensoriels à des endroits précis du cerveau.

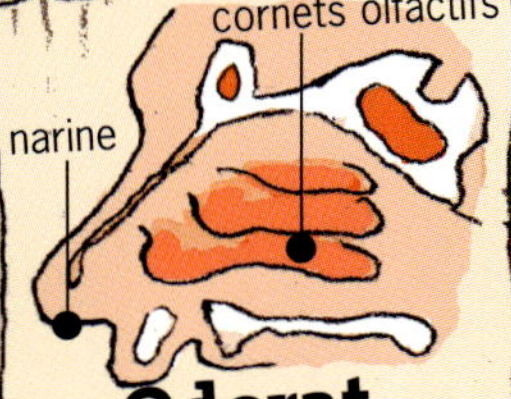

Odorat

L'air, chargé de senteurs, pénètre à l'intérieur du **nez** jusqu'à des cavités tapissées de cellules sensibles aux odeurs.

Le chien perçoit 1 000 à 1 million de fois mieux les odeurs que l'homme.

Le goût et **l'odorat** sont en étroite relation. Quand on a le nez bouché, on n'apprécie plus aussi bien le goût de ce que l'on mange.

C'est **le cerveau** qui perçoit les sensations. Il traite les informations reçues, les compare aux données mémorisées et les interprète.

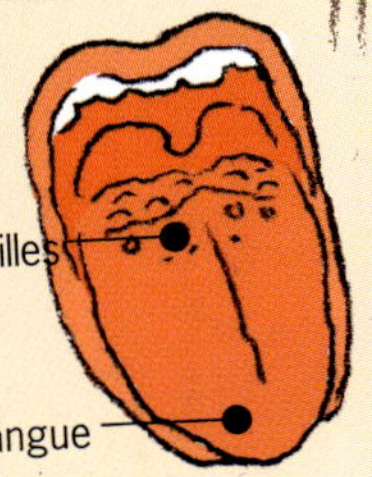

Goût

Les papilles gustatives de **la langue** savent reconnaître quatre saveurs : le sucré, le salé, l'acide et l'amer.

Vue, ouïe, toucher, odorat et goût : nos cinq sens sont comme des fenêtres étroites sur le monde extérieur. Les récepteurs de l'œil et ceux de l'oreille captent des messages émis à distance. Les cellules olfactives du nez et les cellules gustatives de la bouche sont sensibles aux substances chimiques. Les organes sensoriels de la peau répondent aux stimulations directement exercées sur le corps.

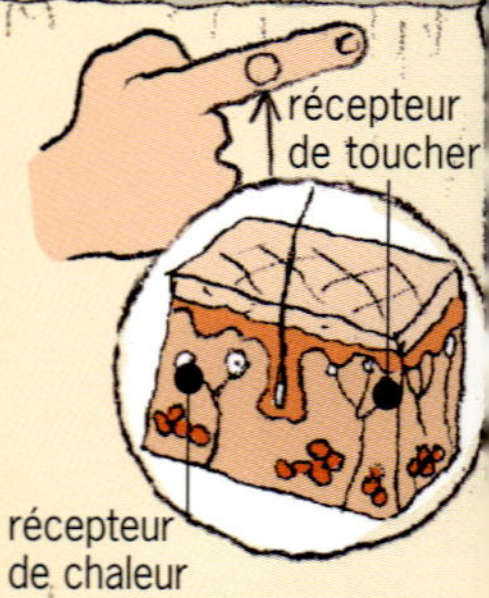

Toucher

De nombreux capteurs, répartis dans **toute la peau**, permettent le sens du toucher.

Que se passe-t-il quand un des sens fait défaut ?

Vivre avec un gros handicap sensoriel, c'est faire face à un défi pour découvrir le monde et communiquer avec autrui. Selon le handicap, on peut envisager un appareillage, une rééducation ou des apprentissages spécifiques. Ainsi, l'alphabet Braille, fondé sur un système de points en relief, permet aux personnes aveugles de lire, tandis que le langage des signes facilite la communication des personnes sourdes et muettes.

Vue

Les millions de récepteurs de **l'œil**, sur la rétine, codent les informations sur la lumière et la couleur. Ces signaux sont transmis au cerveau par le nerf optique.

C'est parce que l'on a deux yeux que l'on peut **percevoir les reliefs** et **estimer les distances**.

Des lunettes ou des lentilles de contact peuvent corriger certains défauts de la vision.

Chez **un non-voyant**, les autres sens se développent et deviennent plus performants.

Ouïe

Les sons pénètrent dans **l'oreille** et font vibrer le tympan. Ces vibrations se propagent grâce à de petits os jusqu'à l'oreille interne où elles sont codées. Les signaux sont transmis par le nerf auditif.

Très fragile, **l'oreille interne** peut être endommagée par des sons trop puissants.

Certaines parties du corps, comme la paume de la main et **le bout des doigts**, sont très sensibles. Normal ! Elles possèdent beaucoup de capteurs.

La peau est sensible à la température, à la pression et à la douleur.

C'est grâce au **toucher** que l'on reconnaît la forme d'un visage ou que l'on sent si l'on nous touche.

Neuf mois pour naître

1 + 1 = 1 : voici comment un homme et une femme, en s'aimant, peuvent donner naissance à un bébé, comment deux cellules reproductrices, en fusionnant, donnent un œuf qui se divisera et formera un embryon.

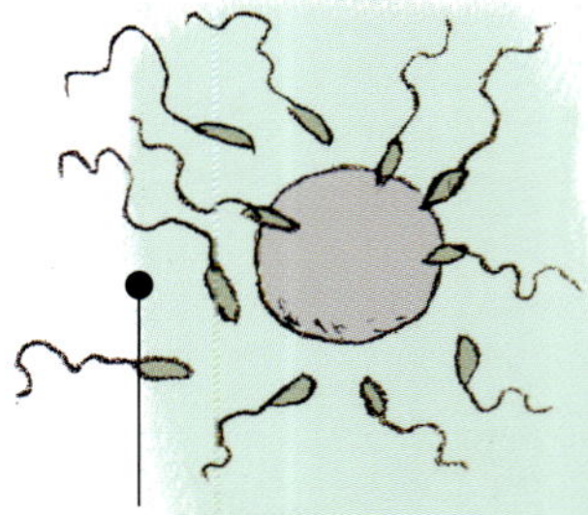

Un ovule est produit par la mère. De nombreux **spermatozoïdes** sont déposés par le père.

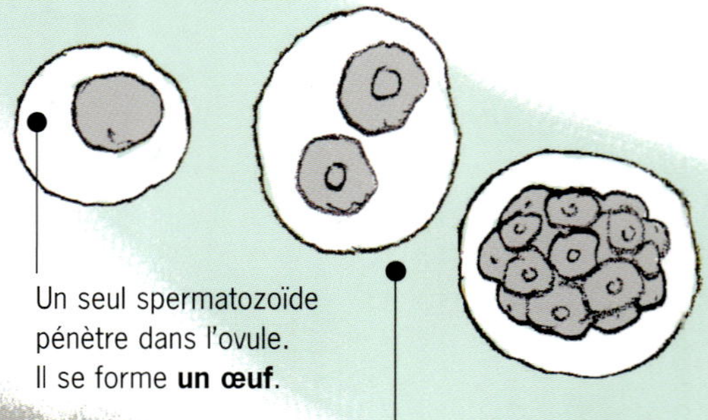

Un seul spermatozoïde pénètre dans l'ovule. Il se forme **un œuf**.

L'œuf se divise en deux, quatre, huit, puis seize cellules… **L'embryon** s'implante dans **l'utérus**, un muscle creux, très extensible, à l'intérieur du ventre de la femme.

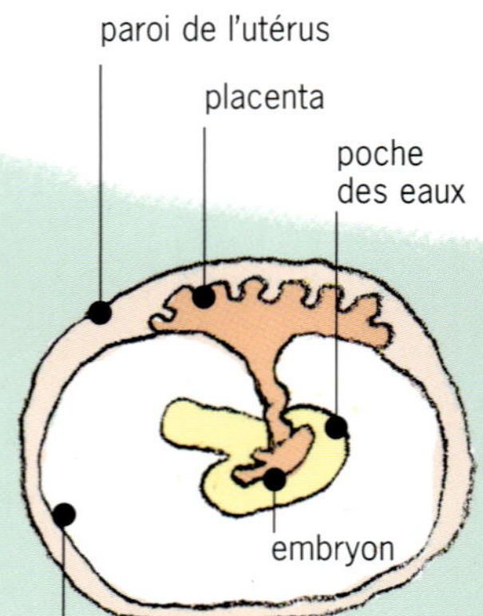

À trois semaines, l'embryon est protégé par **une poche remplie d'eau**. Il a la taille d'un grain de blé et son cœur commence à battre. **Le cordon ombilical** le rattache à sa mère et lui apporte, grâce au placenta, les substances nécessaires à son développement.

Un homme, une femme et de l'amour :

voilà ce qu'il faut pour qu'un futur bébé puisse se former. Quand un homme et une femme s'aiment, ils ont envie de se caresser et de faire l'amour. Le plaisir qu'ils se donnent peut conduire l'homme à faire pénétrer son pénis dans le vagin de la femme qu'il aime et à y déposer un liquide qui contient de nombreux spermatozoïdes.

Organes génitaux de l'homme et de la femme

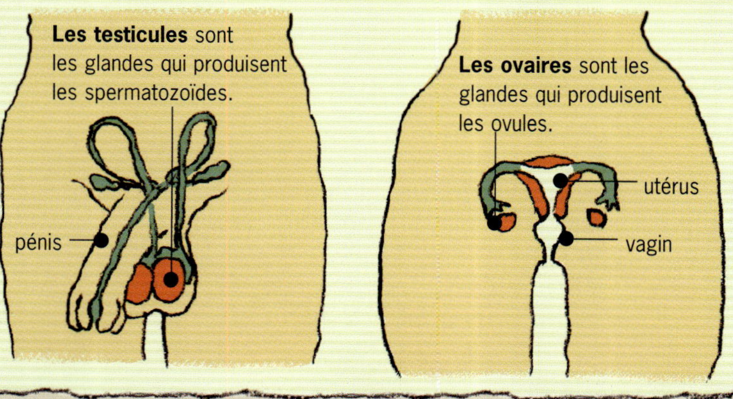

Comment naissent les jumeaux ?

Il peut arriver que deux ovules soient produits par la mère et soient fécondés en même temps. Ces deux œufs, en se développant, donneront deux embryons qui deviendront des « faux jumeaux » : ils auront le même âge, peut-être le même sexe, mais seront différents. Il peut arriver aussi qu'un seul œuf, en se divisant, donne deux embryons. Ces deux embryons seront de même sexe et identiques. Ce seront alors des « vrais jumeaux ».

Tout commence à la fécondation,

quand un spermatozoïde, déposé par le père, rencontre l'ovule émis par la mère. Le spermatozoïde fusionne avec l'ovule et il se forme un œuf. Chaque cellule reproductrice apporte la moitié des informations nécessaires au développement du futur bébé. Son sexe est dès lors déterminé. L'œuf se divise rapidement et l'embryon s'installe dans le ventre de la mère. Peu à peu, il se développe. Neuf mois seront nécessaires pour que le bébé arrive à terme.

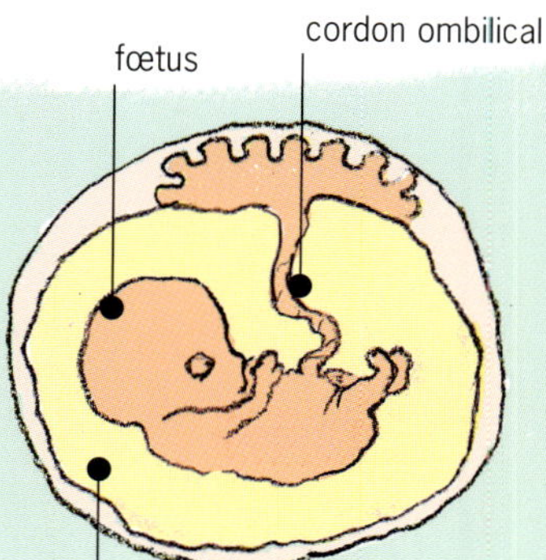

À trois mois, le fœtus a **une forme humaine** reconnaissable. Les principaux organes sont en place. La croissance va se poursuivre jusqu'à la naissance.

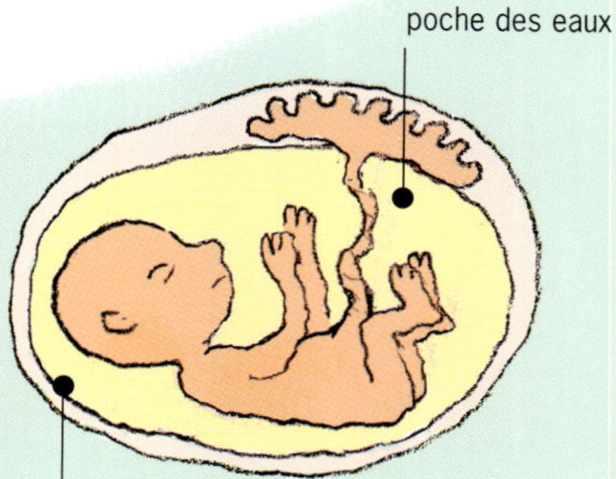

À sept mois, le développement du fœtus n'est pas encore achevé. Si l'enfant naît, il est **prématuré**. Il est placé en couveuse et a besoin de soins particuliers.

À neuf mois, **l'enfant est à terme**. Les contractions de l'utérus le poussent à l'extérieur. Quand le bébé est sorti, le médecin coupe le cordon ombilical. La petite cicatrice formera le nombril. Le bébé se met à pleurer, sa respiration devient autonome.

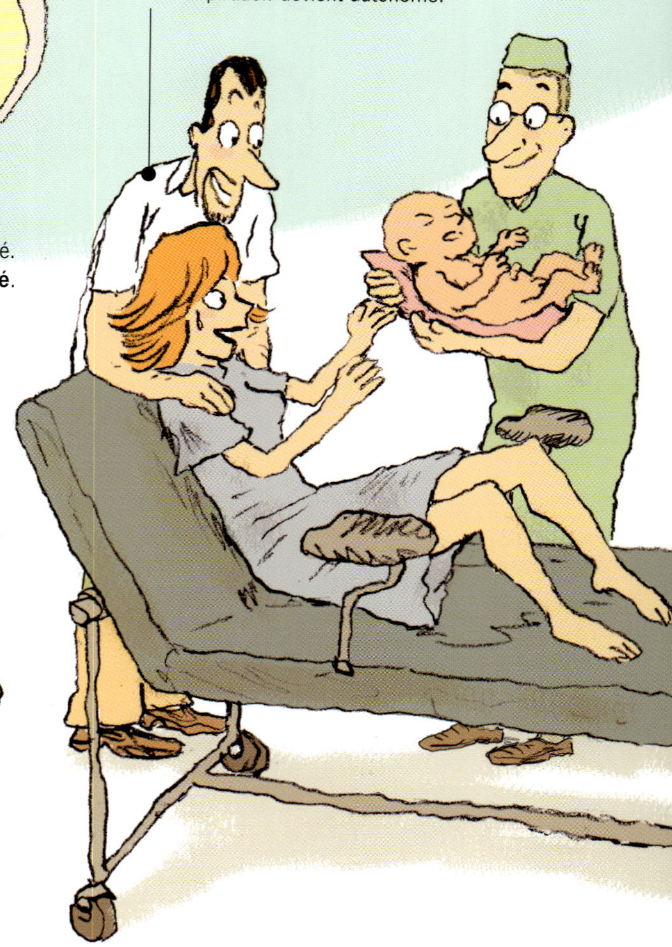

Des techniques, comme **l'échographie** qui donne des images du fœtus, permettent de suivre la grossesse.

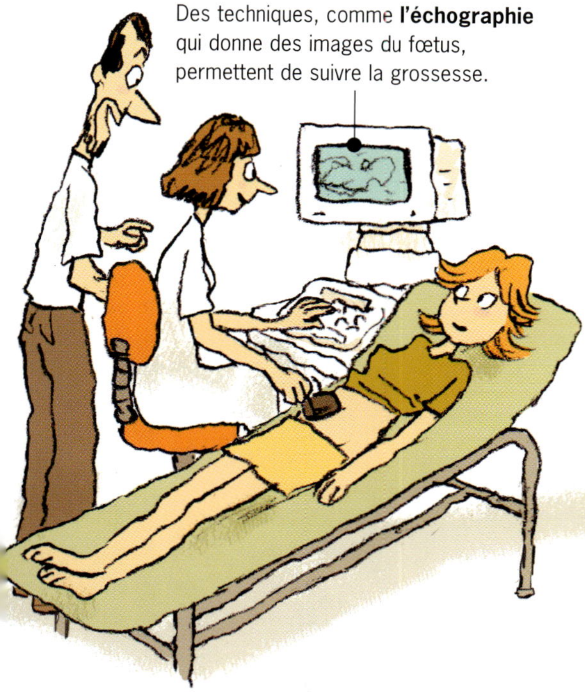

Tranches de vie

Enfance, adolescence, vie adulte, vieillesse : chaque étape de la vie apporte ses transformations, ses expériences et ses rencontres.

Tout au long de l'enfance, le corps grandit et se transforme lentement. L'enfant développe ses capacités d'apprentissage et son désir de découvertes. Vers 11-12 ans, sa croissance s'accélère et plusieurs changements se produisent. Des poils apparaissent sous les bras et autour du sexe. Ce sont les premiers signes de la puberté. La petite fille ou le petit garçon devient peu à peu une jeune femme ou un jeune homme.

Jusqu'à 3 mois, **le bébé** dort beaucoup. Il tète le sein de sa mère ou boit des biberons de lait.

À 3 ans, l'enfant va à l'école maternelle. Il parle de mieux en mieux.

Rubéole, oreillons, varicelle... **Ces maladies infantiles** dues à des microbes ne sont pas graves mais très contagieuses.

À partir de 8 mois, le bébé émet des sons articulés. Il se tient assis, se déplace à quatre pattes et touche à tout !

Entre 10 et 18 mois, le bébé apprend à marcher seul. Il mange avec une cuillère et comprend de nombreux mots.

À 4 ans, l'enfant, de plus en plus habile, apprend à faire du vélo.

À 6 ans, l'enfant apprend à lire et à écrire. La première dent définitive sort.

Garder des activités intellectuelles et physiques aide à mieux vivre sa **vieillesse**.

Être en bonne santé, c'est être bien dans son corps et bien dans sa tête. Une bonne hygiène, une alimentation équilibrée, faire du sport et se sentir aimé aident à maintenir cette santé.

infos chiffrées

En 70 ans, la vie, c'est aussi :

200 jours à se laver
6 ans à manger
9 ans pour son métier
23 ans à dormir
450 jours d'école
(jusqu'à la fin du collège)

Les vaccins protègent de maladies qui peuvent être graves.

Souvent, il faut du temps à **l'adolescent** pour découvrir son nouveau corps.

Peu à peu, les jeunes découvrent les sentiments amoureux et **des couples** se forment.

À la puberté, les seins de la jeune fille se développent. Chez les garçons, la voix devient plus grave.

Il arrive que le corps souffre

suite à un accident ou une maladie. Ou qu'un handicap rende plus difficiles les activités quotidiennes. Des soins appropriés et la solidarité des autres peuvent aider à retrouver la santé. Malgré tout, au fil des ans, l'organisme s'use, il se fatigue plus vite : c'est le vieillissement. Le rythme des personnes âgées se ralentit, mais elles ont encore tellement à partager !

Vivre un handicap, passager ou définitif, nécessite parfois des aménagements pour la vie quotidienne.

Bon pour la santé, **le sport** développe aussi la confiance en soi et le respect des autres.

behind the beat

Les sciences et techniques

Des inventeurs de génie

Sans eux, le monde serait encore à l'âge de pierre !
Les inventeurs imaginent ou perfectionnent
des objets nouveaux, inédits, extraordinaires.
Parfois, ce sont de véritables révolutions.

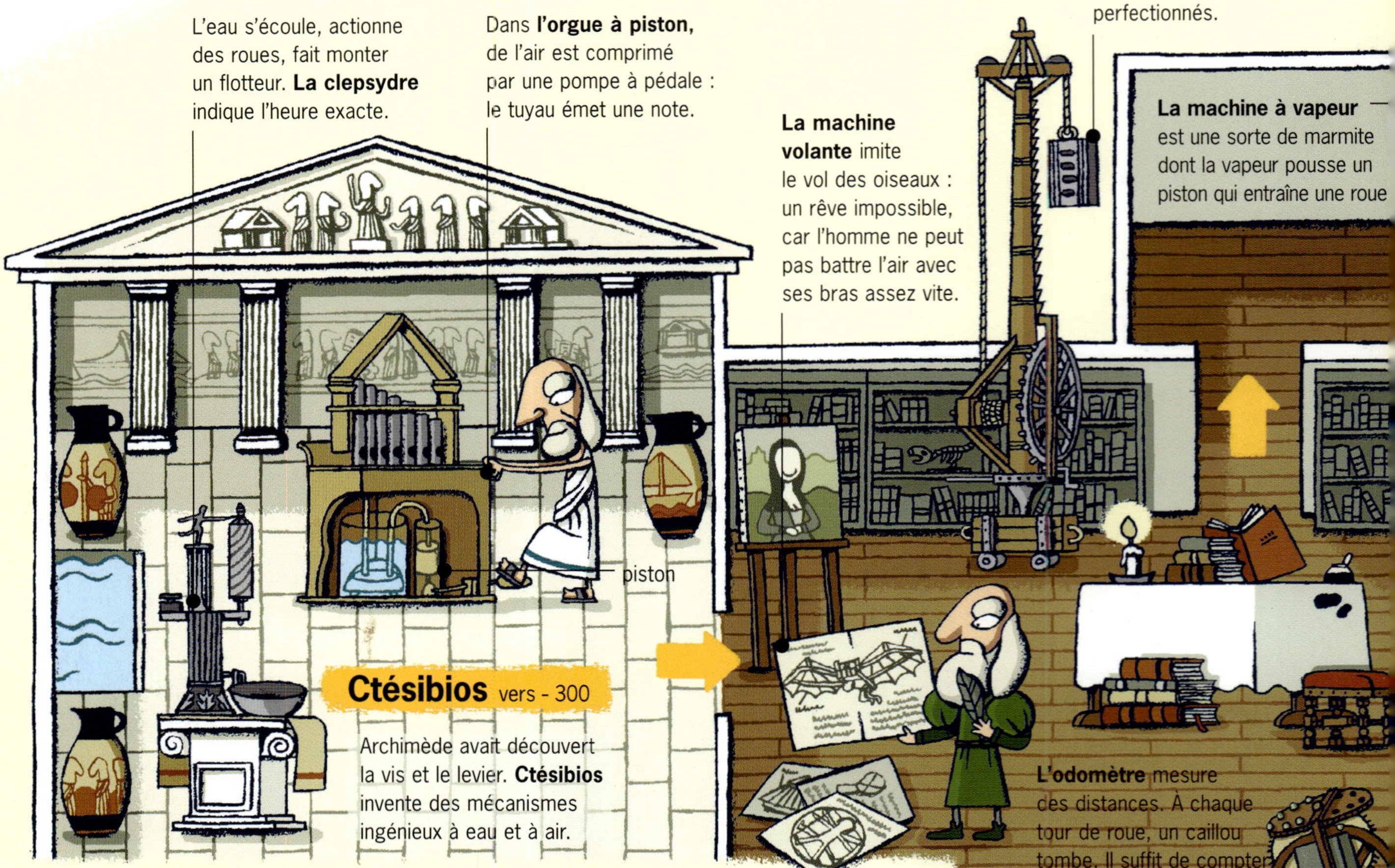

Pour inventer, il n'existe pas de recettes !

Mais un esprit curieux, original et attentif sait saisir toute idée nouvelle, déceler le futur à partir des connaissances du présent ou parfois transformer le hasard en solution géniale. Il faut aussi beaucoup de travail et de ténacité pour que l'idée devienne un objet qui fonctionne. Ctésibios et les mécaniciens grecs, Léonard et les ingénieurs de la Renaissance, Watt et les inventeurs de la révolution industrielle, Edison et les entrepreneurs du 19e siècle, Bardeen, Brattain, Shockley et les chercheurs et ingénieurs du 20e siècle, tous ont un point commun : ils inventent pour le plaisir.

chrono

- **- 3000** — **Roue** — Mésopotamie
- **- 1000** — **Cadran solaire** — Égypte
- **- 85** — **Moulin à eau** — Grèce
- **105** — **Papier** — Chine
- **600** — **Charrue** — Allemagne
- **1190** — **Gouvernail** — Liban
- **1600** — **Lunette astronomique** — Italie
- **1645** — **Machine à calculer** — France
- **1867** — **Dynamite** — Suède
- **1901** — **Aspirateur** — Angleterre
- **1946** — **Ordinateur** — États-Unis
- **1989** — **Game Boy** — Japon

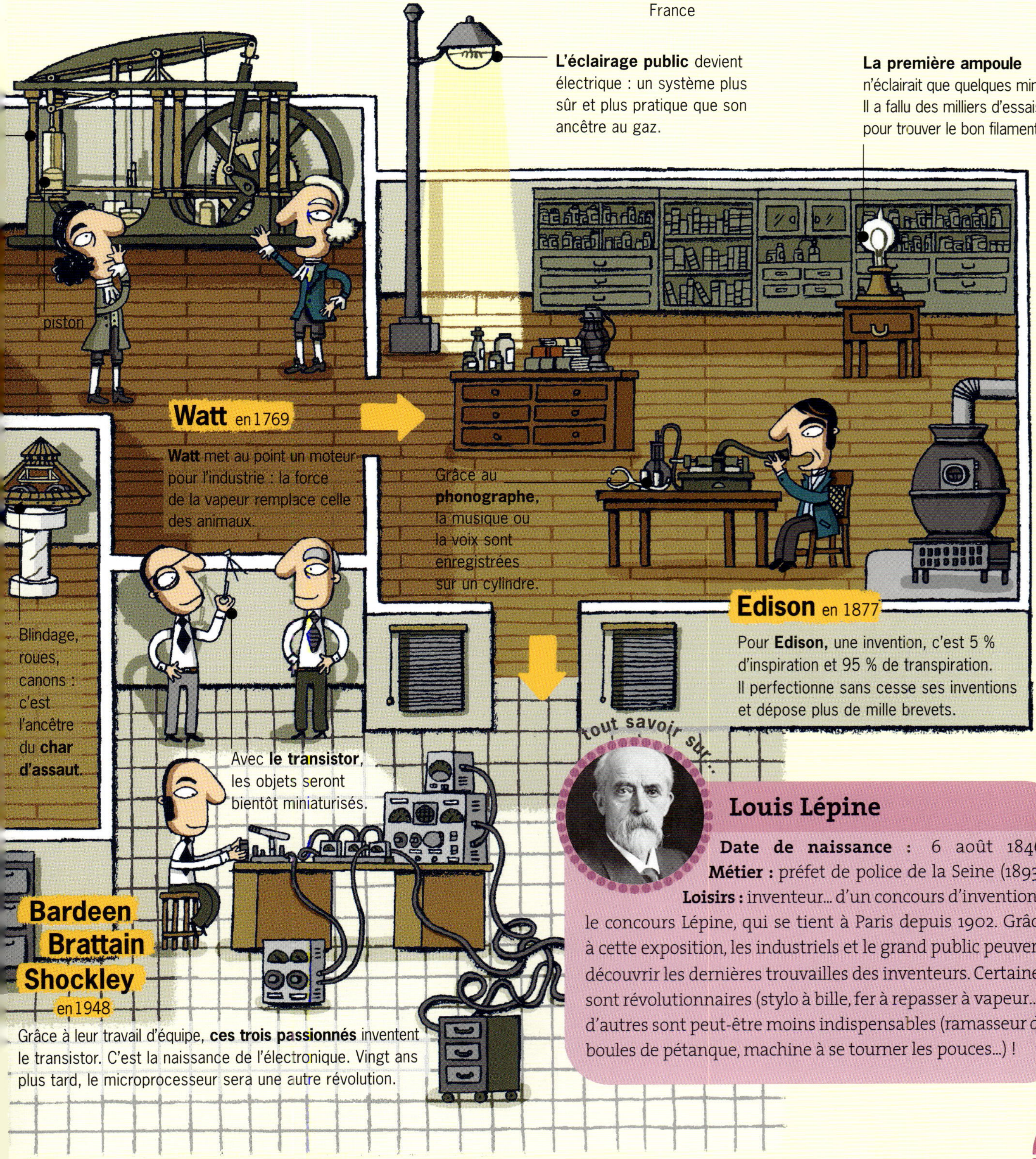

L'éclairage public devient électrique : un système plus sûr et plus pratique que son ancêtre au gaz.

La première ampoule n'éclairait que quelques minutes. Il a fallu des milliers d'essais pour trouver le bon filament.

Watt en 1769

Watt met au point un moteur pour l'industrie : la force de la vapeur remplace celle des animaux.

Grâce au **phonographe,** la musique ou la voix sont enregistrées sur un cylindre.

Edison en 1877

Pour **Edison,** une invention, c'est 5 % d'inspiration et 95 % de transpiration. Il perfectionne sans cesse ses inventions et dépose plus de mille brevets.

Blindage, roues, canons : c'est l'ancêtre du **char d'assaut**.

Avec **le transistor,** les objets seront bientôt miniaturisés.

Bardeen Brattain Shockley en 1948

Grâce à leur travail d'équipe, **ces trois passionnés** inventent le transistor. C'est la naissance de l'électronique. Vingt ans plus tard, le microprocesseur sera une autre révolution.

tout savoir sur...

Louis Lépine

Date de naissance : 6 août 1846.
Métier : préfet de police de la Seine (1893).
Loisirs : inventeur... d'un concours d'inventions, le concours Lépine, qui se tient à Paris depuis 1902. Grâce à cette exposition, les industriels et le grand public peuvent découvrir les dernières trouvailles des inventeurs. Certaines sont révolutionnaires (stylo à bille, fer à repasser à vapeur...), d'autres sont peut-être moins indispensables (ramasseur de boules de pétanque, machine à se tourner les pouces...) !

Plus vite, plus loin !

À pied ou à cheval, il est bien difficile de découvrir le monde ! Grâce aux engins de transport, toujours plus performants, les montagnes et les mers ne sont plus des obstacles, le ciel et l'espace sont conquis.

Rocket de Stephenson (1829, 47 km/h)

Avec **le TGV** (1990, 500 km/h), la vitesse du train a été multipliée par 10 en moins de deux siècles.

Chaque moyen de transport a son ancêtre.

Quels progrès entre le premier et le plus récent ! Le vent et les animaux ont longtemps été les seuls moteurs. C'est grâce à la machine à vapeur que le train, l'avion, la voiture... ont pu voir le jour. Puis, avec le pétrole et le moteur à explosion, tous les records de vitesse et de distance ont été battus. Enfin, de nouveaux moteurs et d'autres sources d'énergie ont permis la conquête de l'espace et des fonds marins.

Automobile de Panhard et Levassor (1894, 20 km/h)

Avec un radar anticollision, un accélérateur intelligent et des capteurs de position, **la voiture de demain** s'adaptera à l'état de la chaussée et à la circulation.

Célérifère (1791)

Pour passer du célérifère au **VTT,** il a fallu inventer la direction, la chaîne, la dynamo, le frein et le pneu.

Patin à terre de Merlin (vers 1700)

D'abord équipé de bobines en bois, puis de roues en métal, **le patin à roulettes** est désormais en plastique.

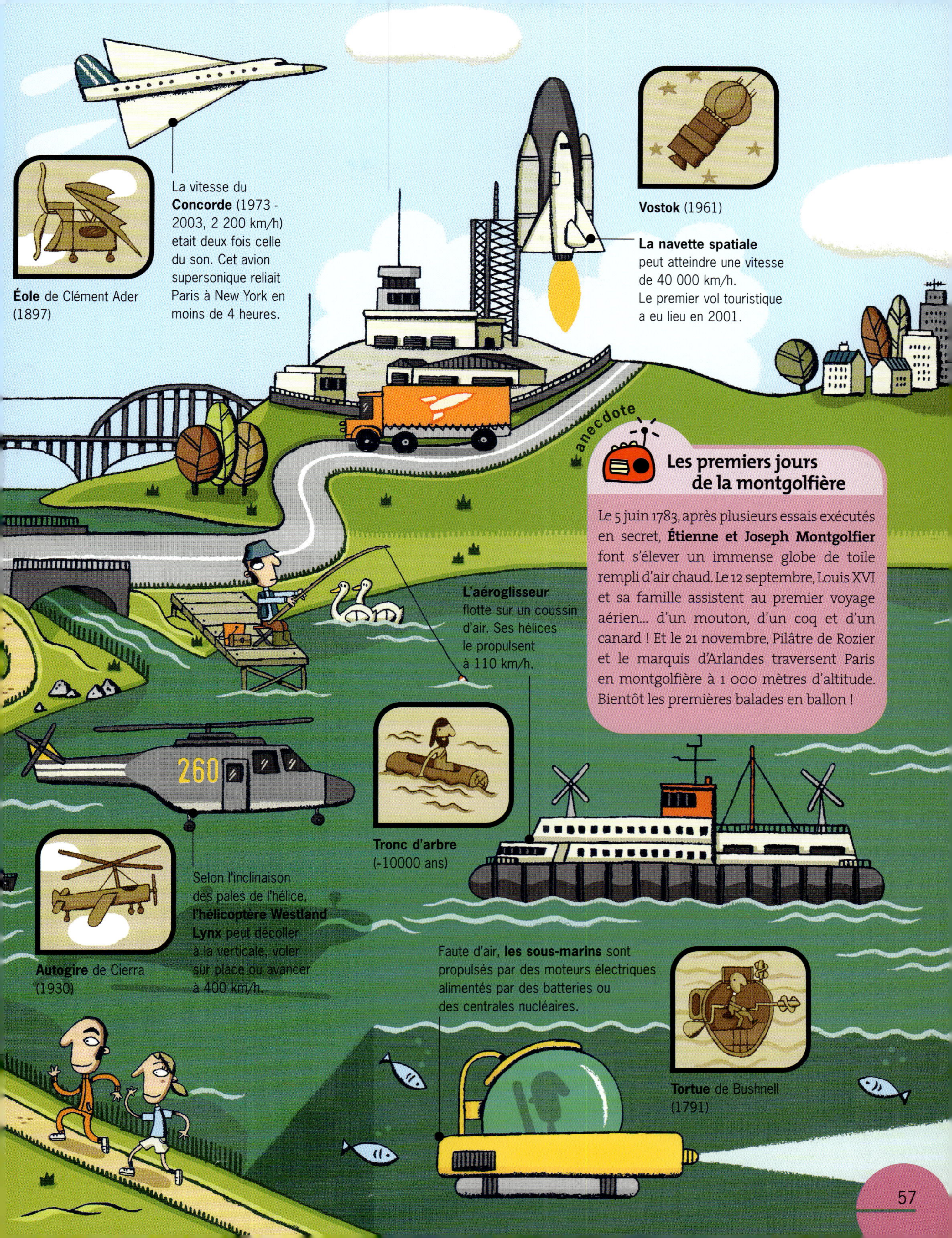

La vitesse du **Concorde** (1973 - 2003, 2 200 km/h) etait deux fois celle du son. Cet avion supersonique reliait Paris à New York en moins de 4 heures.

Éole de Clément Ader (1897)

Vostok (1961)

La navette spatiale peut atteindre une vitesse de 40 000 km/h. Le premier vol touristique a eu lieu en 2001.

anecdote

Les premiers jours de la montgolfière

Le 5 juin 1783, après plusieurs essais exécutés en secret, **Étienne et Joseph Montgolfier** font s'élever un immense globe de toile rempli d'air chaud. Le 12 septembre, Louis XVI et sa famille assistent au premier voyage aérien… d'un mouton, d'un coq et d'un canard ! Et le 21 novembre, Pilâtre de Rozier et le marquis d'Arlandes traversent Paris en montgolfière à 1 000 mètres d'altitude. Bientôt les premières balades en ballon !

L'aéroglisseur flotte sur un coussin d'air. Ses hélices le propulsent à 110 km/h.

Tronc d'arbre (-10000 ans)

Selon l'inclinaison des pales de l'hélice, **l'hélicoptère Westland Lynx** peut décoller à la verticale, voler sur place ou avancer à 400 km/h.

Autogire de Cierra (1930)

Faute d'air, **les sous-marins** sont propulsés par des moteurs électriques alimentés par des batteries ou des centrales nucléaires.

Tortue de Bushnell (1791)

Petits mystères des objets quotidiens

On branche un appareil, on appuie sur le bouton. Des voyants s'allument. Parfois, on entend du bruit. Mais comment ça marche ? Que dissimule le boîtier ? En avant pour une promenade scientifique dans notre univers familier !

Autrefois, les objets étaient fabriqués à partir de matériaux naturels : bois, cuir, corne, laine... Peu à peu, l'homme a transformé le sable en verre, les minerais en métaux, le pétrole en plastiques. Ils sont alors devenus de plus en plus petits, légers, pratiques et économiques. Une nouvelle révolution est en cours : les matériaux sont désormais des mélanges complexes parfaitement adaptés à la fonction des objets.

Les fils électriques sont en cuivre car ce métal est un très bon conducteur de l'électricité.
Le flotteur commande l'ouverture et la fermeture du robinet. La chasse d'eau se remplit.
flotteur
Emprisonné dans les billes de polystyrène, l'air est le meilleur isolant.
mur
polystyrène
Sur un CD, la musique numérique est enregistrée sous forme de minuscules creux et reliefs. Le lecteur CD la lit avec son rayon lumineux.
Le moteur fait tourner la poulie qui transmet le mouvement au câble. Les banquettes du télésiège avancent.
Dans un réfrigérateur, le liquide réfrigérant du circuit absorbe la chaleur des aliments. Leur température baisse.
L'air froid est chauffé par la résistance électrique en bas du radiateur. L'air chaud, plus léger, sort par le haut.
Traversé par le courant électrique, le filament de l'ampoule chauffe à très haute température et émet la lumière.
Dans un micro-ondes, les ondes agitent très fort l'eau contenue dans les aliments. L'eau est chauffée, le poulet aussi !

En route vers le cyberespace

Aujourd'hui, on peut tout savoir n'importe où et n'importe quand. Reliés entre eux par des machines en réseau, les hommes dialoguent, travaillent, jouent. Cet univers d'information a un nom : le cyberespace.

Certains **films** mettent en scène des personnages créés et animés par ordinateur.

Interconnectés, les ordinateurs multiplient leurs capacités : échanges de fichiers, courrier électronique, **accès au web** (le réseau planétaire).

L'appel émis par **un mobile** est reçu par un ordinateur qui choisit alors le meilleur itinéraire.

Sur une grande distance, les ondes deviennent plus faibles. **Les relais** les amplifient jusqu'au récepteur.

Grâce au **wifi**, l'ordinateur peut se connecter à internet.

On peut lire **le journal** dans sa version papier ou dans sa version électronique.

Le réseau des **téléphones fixes** nécessite des milliards de kilomètres de fils.

Avec **le baladeur**, on peut se déplacer en écoutant du son numérisé.

La révolution des techniques d'information et de communication est liée à la possibilité de transformer les textes, les images et les sons en des nombres. C'est la numérisation. Ainsi traduit et codé, tout document est très facilement stocké, copié, transmis. Une seconde révolution, 500 ans après l'imprimerie !

Les informations circulent

entre les machines sur trois supports : des ondes, des fils électriques ou des fibres optiques. Pour franchir les très grandes distances, leur transmission nécessite des satellites de communication.

chrono

- **1438** Imprimerie
- **1827** Photographie
- **1861** Carte postale
- **1876** Téléphone
- **1895** Radio (TSF)
- **1927** Cinéma parlant
- **1950** Télévision en couleur
- **1974** Internet
- **1979** Baladeur

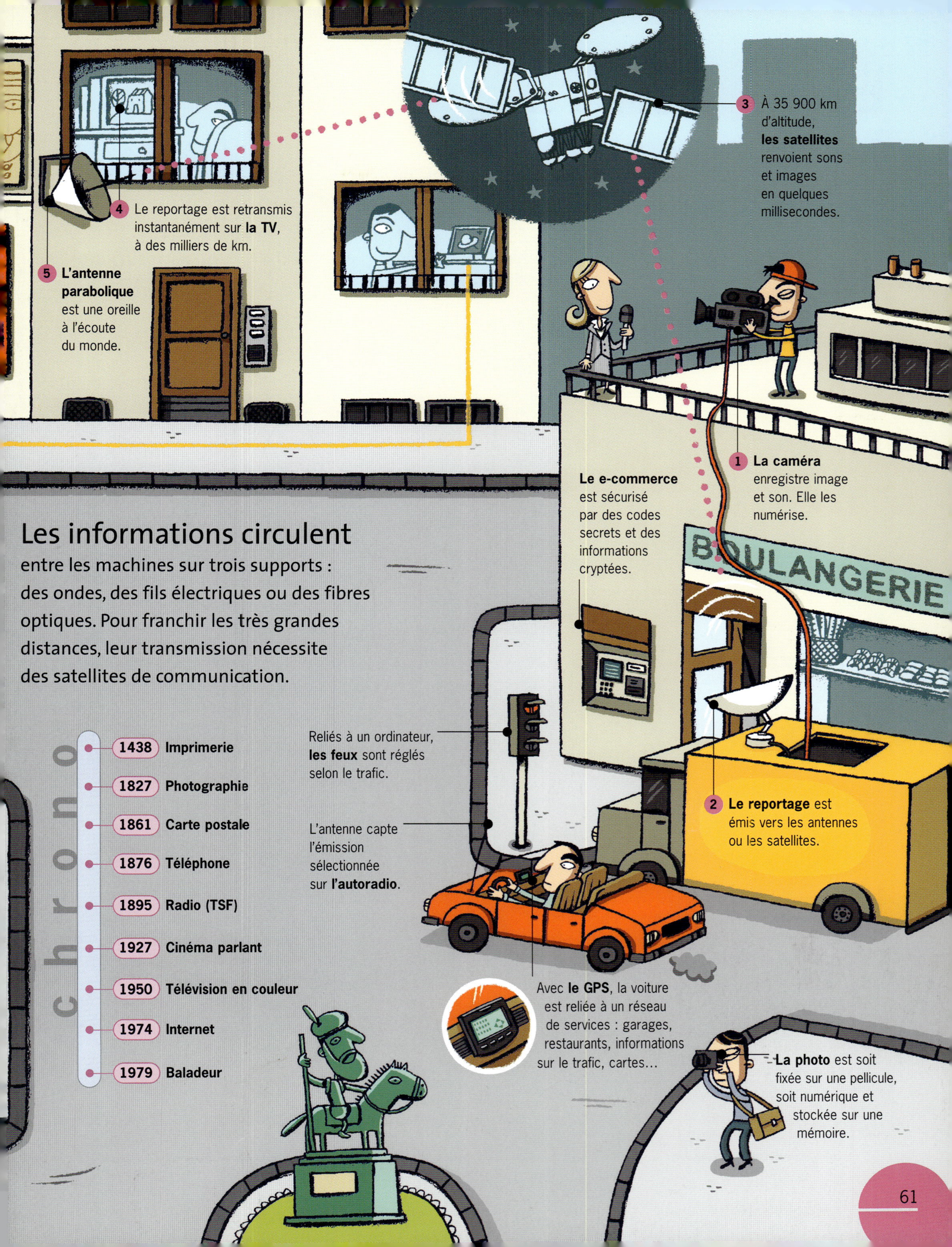

Les machines au travail

Dans une usine, la conception et la production des objets est assistée par les ordinateurs : des calculateurs puissants qui reçoivent, stockent, transforment, transmettent des informations numériques. Ils dessinent les maquettes, contrôlent les robots industriels et ajustent les livraisons.

Pour un constructeur automobile,

le lancement d'un nouveau modèle est une aventure. En un peu plus de deux ans, tout doit être prévu pour satisfaire les clients, produire des milliers de voitures et les fabriquer en une semaine seulement. Grâce aux maquettes virtuelles et aux simulations de crash tests, de conduite sous la pluie, de fonctionnement des robots de production, l'équipe gagne de précieuses minutes. Sans ordinateurs, ce serait impossible !

Dans ces bureaux, tout est secret : on invente la nouvelle voiture, codée X89 ! À partir de sondages auprès des futurs clients, on fait des centaines de **dessins** et de **maquettes.** Enfin, la future X89 est choisie. Pas facile de concevoir aujourd'hui la voiture qui plaira demain !

Ici, on réalise **le prototype** de la X89, c'est-à-dire le premier exemplaire de ce modèle. Il faut tout définir : les dimensions, les matériaux, les couleurs de toutes les pièces, du moteur au clignotant. Il faut tester aussi les machines et les robots.

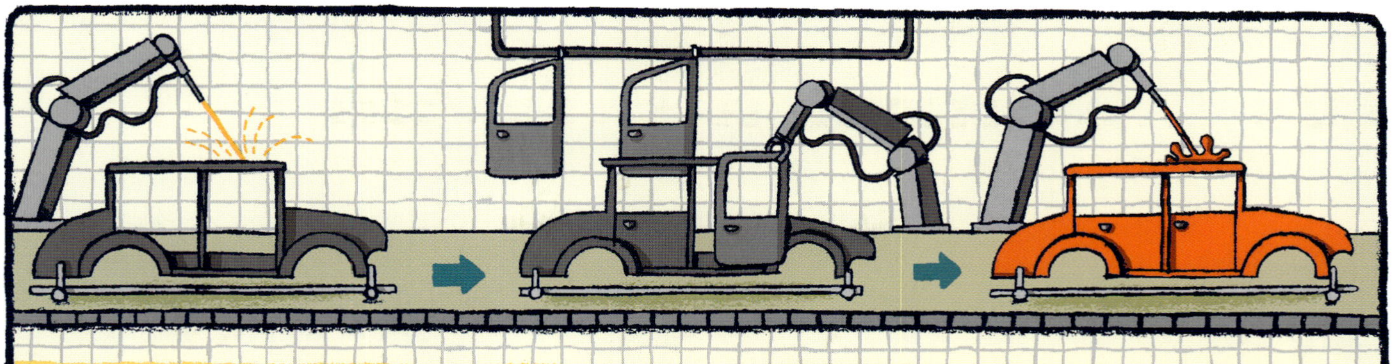

Nous voici maintenant dans l'usine de production. Tout est automatisé et parfaitement réglé, du pressage des portières à la peinture de la carrosserie. C'est **l'ordinateur central** qui contrôle ce ballet des robots soudeurs, transporteurs, peintres… Un véritable chef d'orchestre !

Là, c'est le dernier atelier. On y monte le tableau de bord, le moteur, les roues… Le plus important, c'est de ne jamais manquer de pièces. Selon le stock, **un ordinateur** les commande aux fournisseurs pour qu'elles soient livrées juste à temps.

Les robots sont-ils intelligents ?

Les robots n'ont que l'intelligence qui leur a été donnée ! Les robots industriels sont capables de voir grâce à leurs caméras et de toucher avec leurs pinces munies de capteurs. Mais ce sont des esclaves qui réagissent aux instructions de leurs programmes informatiques. Les robots de loisirs paraissent plus malins car ils sont désobéissants : ils ne doivent jamais faire les mêmes gestes mais réagir à des contextes toujours différents.

Une fois les derniers réglages effectués, la voiture peut être livrée avec toutes ses options (couleur, toit ouvrant…). Il n'y a jamais d'erreur car chaque voiture porte **une puce électronique** avec toutes les informations de la commande !

LE QUIZ DOKÉO

Quel est le surnom donné à la forêt amazonienne ?

- « Le poumon de la planète » ?
- « Le pays de l'or vert » ?
- « La forêt du Paradis » ?

« Le poumon de la planète ».

Que rejette-t-on quand on expire ?

- Du dioxyde de carbone ?
- De l'oxygène ?
- Des globules blancs ?

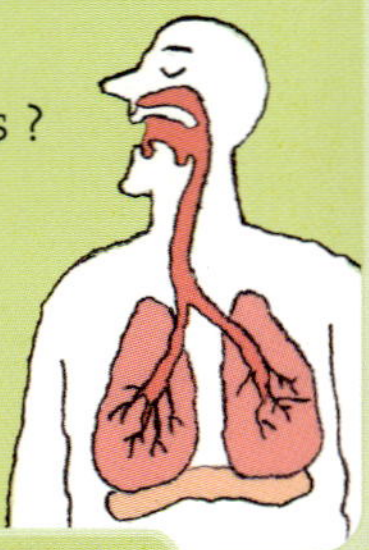

Solution : page 45

Quel appareil permet de regarder à l'extérieur dans un sous-marin ?

- Le stéthoscope ?
- Le périscope ?
- Le bathyscaphe ?

Le périscope.

Quel inventeur a donné son nom à son invention ?

- Émile Dynamite ?
- Eugène Poubelle ?
- Lucien Casserole ?

Eugène Poubelle.

De quelle partie de la bouche se sert-on pour reconnaître les saveurs ?

- Des papilles gustatives ?
- Du palais ?
- Des dents ?

Solution : page 46

Combien d'éclairs éclatent chaque jour sur notre planète ?

- 2 000 ?
- 18 000 ?
- 44 000 ?

44 000.

Comment appelle-t-on le moment où la Lune se place entre le Soleil et la Terre ?

- Une éclipse de Soleil ?
- Une ellipse de Soleil ?
- Une hélice solaire ?

Solution : page 10

Comment le foetus s'alimente-t-il dans le ventre de sa mère ?

- Grâce au liquide amniotique dans lequel il vit ?
- Grâce au cordon ombilical ?
- Grâce aux spermatozoïdes ?

Solution : page 48

À quoi servent les satellites ?

- À établir des contacts avec les extra-terrestres ?
- À transporter les spationautes sur la Lune ?
- À observer la Terre ?

Solution : pages 15 et 19

Qu'est-ce qu'un astéroïde ?

- Une boule de glace ?
- Un boule de poussières ?
- Un rocher plus ou moins gros ?

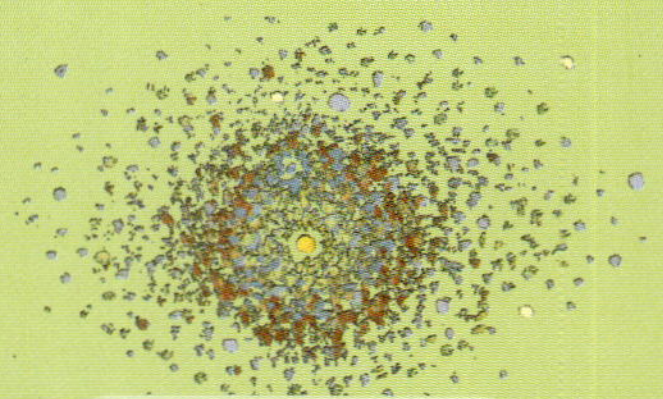

Solution : page 9

La forêt amazonienne est :

- 5 fois plus grande que la France ?
- 14 fois plus grande que la France ?
- 25 fois plus grande que la France ?

Solution : page 27

Pour les prévisions météo, on utilise :

- Des ballons d'oxygène ?
- Des ballons-sondes ?
- Des ballons dirigeables ?

Solution : page 34

Dans quel domaine les frères Lumière se sont-ils rendus célèbres à leur époque ?

- La lumière ?
- La télévision ?
- Le cinéma ?

Le cinéma.

Que se passe-t-il quand deux plaques terrestres s'écartent l'une de l'autre ?

- De la glace jaillit ?
- Une montagne se forme ?
- Une faille se creuse ?

Solution : page 23

Combien de kilomètres de vaisseaux sanguins notre corps possède-t-il ?

- 96 km ?
- 354 km ?
- 950 km ?

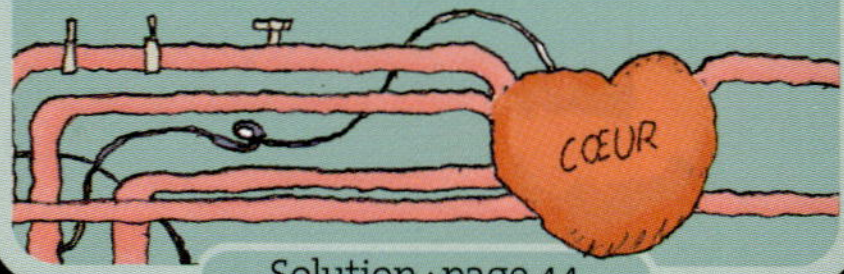

Solution : page 44

Pourquoi le fennec a-t-il de grandes oreilles ?

- Pour mieux se cacher des prédateurs ?
- Pour mieux évacuer la chaleur ?
- Pour voler ?

Solution : page 26

Que signifie « numériser un son » ?

- Capter un son grâce à une antenne parabolique ?
- Capter un son sur Internet ?
- Transformer un son en une suite de nombres ?

Solution : page 60

Pourquoi les astronautes communiquent-ils par gestes sur la Lune ?

- Pour mieux passer à la télévision ?
- Parce que sur la Lune, les sons ne passent pas ?
- Parce que leurs casques les empêchent de parler ?

Solution : page 11

Qu'est-ce qu'une puce électronique ?

- Un insecte robot ?
- Un circuit électronique doté d'une grande mémoire ?
- Un ordinateur de poche ?

Un circuit électronique doté d'une grande mémoire.

Combien d'os les hommes ont-ils normalement ?

- 106 ?
- 206 ?
- 306 ?

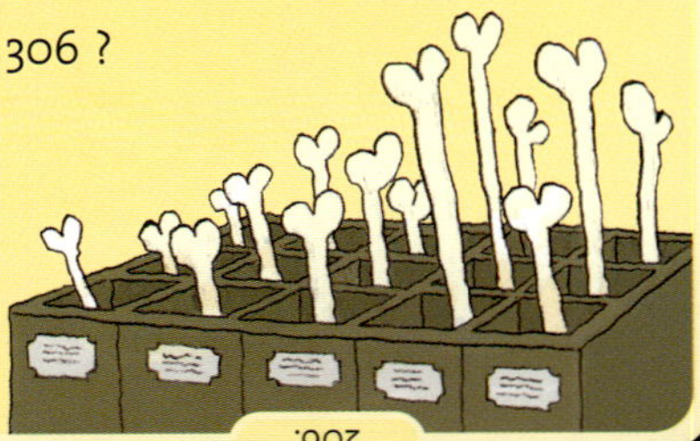

206.

Quel est le nom des rayons solaires mortels absorbés par l'ozone ?

- Les rayons verts ?
- Les rayons ultraviolets ?
- Les rayons d'or ?

Solution : page 32

Jusqu'à quelle hauteur les avions volent-ils ?

- 8 km ?
- 12 km ?
- 30 km ?

Solution : page 33

Quand l'aspirateur a-t-il été inventé ?

- En 1801 ?
- En 1901 ?
- En 1981 ?

Solution : page 55

Pourquoi le bébé crie-t-il quand il sort du ventre de sa maman ?

- Parce qu'il est triste ?
- Parce que l'air entre dans ses poumons ?
- Parce qu'il a peur ?

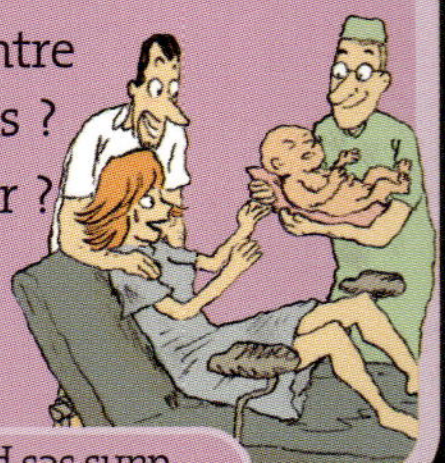

Parce que l'air entre dans ses poumons.

À quelle vitesse un tsunami se déplace-t-il ?

- 150 km/h ?
- 700 km/h ?
- 1 000 km/h ?

700 km/h.

Pourquoi la ligne 14 du métro parisien est-elle différente des autres ?

- Les wagons y roulent plus vite que la lumière ?
- Elle marche à l'énergie solaire ?
- C'est la première ligne sans conducteur ?

C'est la première ligne sans conducteur.

Quelle surface de la Terre occupent les mers et les océans ?

- 35 % ?
- 57 % ?
- 71 % ?

Solution : page 31

Par quoi les organes les plus fragiles du corps sont-ils protégés ?

- Par le squelette ?
- Par les muscles ?
- Par la peau ?

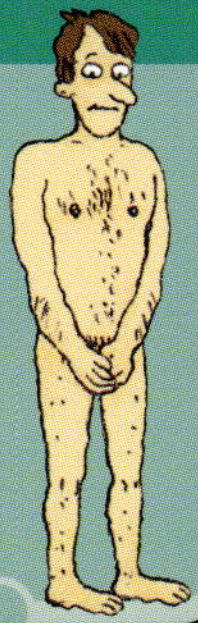

Solution : page 40

La clepsydre est une horloge qui fonctionne avec :

- Le sable ?
- L'eau ?
- L'électricité ?

Solution : page 54

Les étoiles les plus chaudes sont...

- ... rouges ?
- ... bleues ?
- ... jaunes ?

Solution : page 12

Combien de temps faut-il pour fabriquer une voiture ?

- Une semaine ?
- Un mois ?
- Deux ans ?

Solution : page 62

À quoi servent les reins ?

- À faire circuler le sang ?
- À digérer la nourriture ?
- À filtrer le sang ?

Solution : page 45

En quoi se transforme l'eau quand elle s'évapore ?

- En gaz ?
- En eau salée ?
- En électricité ?

Solution : page 28

À quoi correspondent les noms des planètes ?

- À des noms de dieux romains ?
- À des noms de villes américaines ?
- À des noms d'artistes célèbres ?

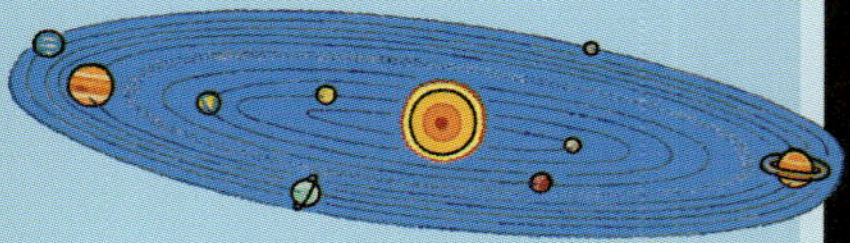

À des noms de dieux romains.

À quoi servent les vaccins ?

- À guérir certaines maladies ?
- À désinfecter les plaies ?
- À éviter certaines maladies ?

Solution : page 51

Combien y a-t-il de saisons dans les régions de l'équateur ?

- Une ?
- Deux ?
- Quatre ?

Solution : page 20

Qui étaient les premiers passagers de la montgolfière ?

- Un mouton, un coq et un canard ?
- Ses inventeurs, les frères Montgolfier ?
- Le roi Louis XVI et sa famille ?

Solution : page 57

Dans un lecteur de CD, quel rayon permet de lire les disques ?

- Un rayon lumineux ?
- Un rayon X ?
- Un rayon laser ?

Solution : page 59

Combien de dents l'homme a-t-il normalement ?

- 20 ?
- 32 ?
- 38 ?

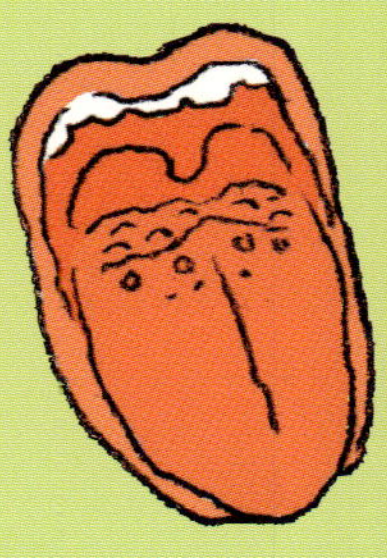

Solution : page 42

Quand l'ordinateur électronique a-t-il été inventé ?

- En 1946 ?
- En 1962 ?
- En 1981 ?

En 1946.

Quel oiseau annonce la pluie ?

- L'hirondelle ?
- Le corbeau ?
- La mouette ?

L'hirondelle, en volant au ras du sol.

Qu'est-ce qu'une étoile filante ?

- Une étoile qui file dans le ciel ?
- La chevelure brillante d'une comète qui s'approche du Soleil ?
- Une météorite qui s'enflamme en traversant l'atmosphère ?

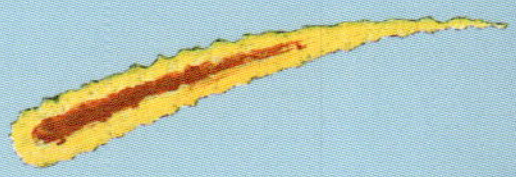

Solution : page 32

Combien de temps le Soleil va-t-il encore exister ?

- 10 millions d'années ?
- 1 milliard d'années ?
- 5 milliards d'années ?

Solution : page 15

Combien de temps peut-on rester sans respirer ?

- Quelques secondes ?
- Quelques minutes ?
- Une demi-heure ?

Quelques minutes.

Que se passe-t-il en Asie pendant la mousson ?

- Il pleut énormément pendant plusieurs mois ?
- C'est la saison de la mousse ?
- C'est la saison sèche ?

Solution : pages 24 et 37

Index

ILLUSTRATEURS

Sylvie Bessard
p. 54 à 63, 64 à 67

Charles Dutertre
illustration de couverture,
p. 18 à 37, 64 à 67

Gaëtan Dorémus
p. 6-7, 16-17, 38-39, 52-53

Alexios Tjoyas
p. 8 à 15, 64 à 67

CRÉDITS PHOTOGRAPHIQUES

6-7 Patrick HERMANS / SHUTTERSTOCK ; **12** g COSMOS / SPL / Tony & Daphne Hallas ; **12** m g COSMOS / SPL / John Sanford ; **12** m d CIEL ET ESPACE / AAO / D. Malin ; **13** d CIEL ET ESPACE / APB / S. Numazawa ; **14** h European Southern Observatory / Archives Larbor ; **14** b ESO ; **15** m d NASA / Archives Larbor; **16-17** Tatiana GROZETSKAYA / SHUTTERSTOCK ; **18** ARCHIVES NATHAN / BNF, Paris ; **19** COSMOS / SPL / Planetary Visions / Geosphere Project - Tom Van Sant ; **22** CORBIS / Gary Braasch ; **23** h EYEDA HOA-QUI / EXPLO-RER / F. Gohier ; **23** b COSMOS / Popperfoto / Duncan Willetts ; **26** EYEDA HOA-QUI / Explorer / J. P. Nacivet ; **26** m EYEDA HOA-QUI / Explorer / Mohamed Torche ; **27** h BIOS / J. C. Munoz ; **27** m h BIOS / J. C. Munoz ; **27** m b BIOS / Juan Manuel Borrero Ramirez ; **27** b BIOS / OSF / J. Brown ; **30** h JOEL HALIOUA EDITORIAL AGENCY / James D. Watt ; **30** b JOEL HALIOUA EDITORIAL AGENCY / Seapics.Com / Phillip Colla ; **31** h GETTY IMAGES / Image Bank / Jeff Hunter ; **31** b NATIONAL GEOGRAPHIC SOCIETY / Emery Kristoff ; **35** g METEOSAT and GOES-EAST IR Images ; **35** d Rectorat de l'Académie d'Orléans-Tours ; **36** h EYEDA GAMMA / El Diaro de Hoy / Sanabria ; **36** b GETTY IMAGES / Image Bank / Burton McNeely ; **37** h g EYEDA GAMMA / ABC Agency ; **37** h d AFP / Jiji Press ; **37** b g AFP ; **37** b d EYEDA HOA-QUI / Maurice Krafft ; **38-39** PAULAPHOTO / SHUTTERSTOCK / **52-53** ASONTSUI/ SHUTTERSTOCK ; **55** ROGER VIOLLET / Harlingue.
Vignettes de couverture : g PeterG / SHUTTERSTOCK ; m-g PhotoDisc ; m-d PhotoDisc ; d cbpix / SHUTTERSTOCK

En application de la loi n° 49 956 du 16 juillet 1949 sur les publications destinées à la jeunesse.
N° d'éditeur : 10164505
Dépôt légal : mars 2010
Imprimé en Espagne par Graficas Estella

EVERES